Actualización VS Code, AutoCAD 2021

para Experto AutoCAD con Visual LISP

Edición AutoCAD 2022

Reinaldo N. Togores

Actualización VS Code, AutoCAD 2021
para Experto AutoCAD con Visual LISP

Edición AutoCAD 2022

ISBN: 9798728509332

Revisión 14/06/2021
AutoCAD AutoLISP Extension Versión 1.5.0.

Para Teté, por la vida y las ilusiones compartidas.

Contenidos

Contenidos v

Prólogo vii

Capítulo 1   AutoLISP en VS Code, Paso a Paso. 9

1.1   La extensión AutoCAD AutoLISP para Visual Studio (VS) Code. 9

1.2   Instalación de VS Code. 10

1.3   La Interfaz de Usuario de VS Code. 11

1.4   Personalización de VS Code. 14

1.5   Instalación de la Extensión AutoLISP. 15

1.6   El Explorador de Archivos y el Editor. 17

1.7   Estructura del Espacio de Trabajo (Workspace). 23

1.8   Definir la Configuración de Depuración. 29

1.9   Activación del Control de Código Fuente. 32

1.10   Resumen. 36

Capítulo 2   Escribir nuestro Código 37

2.1   Archivos de Código Fuente. 37

2.2   Escribir el código AutoLISP. 39

2.3   Comprobar la función creada. 46

2.4   La función de cálculo. 48

2.5   La función de dibujo. 50

2.6   Programar la interfaz de usuario. 53

2.7   Probando el programa. 55

2.8   Actualización del diccionario. 56

2.9   En caso de error. 59

2.10   Confirmar los Cambios a nuestros Repositorios. 62

2.11   Empaquetándolo todo. 65

2.12   Carga bajo demanda del programa. 68

2.13   Resumen. 71

Capítulo 3   Depuración del Código Visual LISP 73

3.1   Evaluación inmediata del código. *74*

3.2   Interfaz de Usuario del Depurador. *76*

3.3   La sesión de depuración. *79*

3.4   Rastreo de Funciones. *86*

3.5   Resumen. *87*

Capítulo 4   VLX: El Ejecutable Visual LISP 89

4.1   El Asistente para Nueva Aplicación. *90*

4.2   Modificar el Proyecto de Compilación (PRV). *95*

4.3   Espacios de Nombres (Namespaces). *97*

4.4   Resumen. *101*

Capítulo 5   Referencia de Comandos VS Code 103

5.1   La Paleta de Comandos. *103*

5.2   La Barra de Estado. *104*

5.3   La Barra de Menús. *106*

5.4   Los Menús Contextuales. *118*

5.5   Menú Más Acciones... de la vista Control de Código Fuente. *122*

5.6   Personalizar Métodos Abreviados de Teclado. *126*

5.7   Crear nuestros propios fragmentos de código (snippets). *128*

5.8   Resumen. *130*

Prólogo

Con la Versión 2021, Autodesk ha anunciado su intención de eliminar el Entorno de Desarrollo Integrado Visual LISP (VLIDE). Este entorno de desarrollo fue desarrollado en 1995 por una compañía de desarrollo de software con sede en Moscú llamada Basis Software bajo el nombre de Vital-LISP. Autodesk lo compró renombrándolo Visual LISP y lo vendió brevemente como un complemento a la Versión 14 de AutoCAD en 1997. Se incorporó definitivamente a AutoCAD 2000 en marzo de 1999. En veintiún años, Autodesk no ha hecho ningún esfuerzo para actualizar este entorno con aquellas características que son hoy comunes en los editores de código fuente modernos.

Ahora Autodesk propone sustituir el antiguo VLIDE con un editor de código fuente desarrollado por Microsoft bajo el nombre de VS Code. Este es un programa open-source que se puede utilizar para el desarrollo de programas en casi todos los lenguajes conocidos. El soporte para los diferentes lenguajes se proporciona mediante la instalación de extensiones disponibles en el Marketplace de VS Code. Este editor de código ofrece la función de autocompletado IntelliSense, resaltado de sintaxis, correspondencia de paréntesis, sangría automática, selección en bloque, inserción fragmentos de código (snippets) y más. También incluye un depurador de código interactivo, que permite recorrer el código fuente, inspeccionar variables, ver pilas de llamadas y ejecutar comandos en la consola. Y tiene soporte incorporado para Gestión de configuración de software (Source Control Management) instalando Git, un sistema para rastrear cambios en el código fuente durante el desarrollo de programas.

Allá por 2003, cuando Visual LISP era una novedad, McGraw-Hill Interamericana me pidió que escribiera el primer libro sobre este tema en español. El libro Programación en AutoCAD con Visual LISP [1] que escribí en colaboración con el profesor César Otero fue durante diez años el principal recurso en español para la programación Visual LISP. Pero al estar escrito en español limitaba su acceso a muchos lectores. Las nuevas versiones en español e inglés, *Experto AutoCAD con VisualLISP* y AutoCAD expert's Visual LISP

---

1   *Togores, R. and Otero, C.; Programación en AutoCAD con Visual LISP. McGraw-Hill Interamericana de España, S.A.U. ISBN: 84-481-3694-2. Madrid, 2003.*

se actualizaron a la versión 2013. Desde entonces, ambas versiones se han actualizado a nuevas versiones de AutoCAD, la más reciente a AutoCAD 2019.

La mayor parte de los contenidos de estos libros (y de sus versiones como libros electrónicos) relacionados con la programación AutoLISP / Visual LISP no cambiarán. Solo los capítulos dedicados al entorno de desarrollo tendrían que ser sustituidos. Además, esta implementación actual de la AutoCAD AutoLISP Extension que se ejecuta en VS Code no es lo suficientemente madura y seguramente estará sujeta a muchas mejoras. Creo que muchos programadores AutoLISP / Visual LISP seguirán confiando en el conocido VLIDE mientras prueban y se acostumbran al nuevo VS Code

De manera que, en lugar de actualizar todo el libro al nuevo editor de código fuente propuesto por Autodesk, he decidido publicar este nuevo libro -Actualización VS Code, AutoCAD 2021- incluyendo todos aquéllos cambios que sería necesario hacer al texto del libro.

Como la situación anterior no ha cambiado con el lanzamiento de AutoCAD 2022, ahora incluimos en esta nueva edición del libro, las pocas cosas agregadas con la versión más reciente de la *AutoCAD AutoLISP Extension*. También estamos ampliando la información sobre los comandos utilizados en la gestión del Control de Código Fuente.

De esta manera, todos los lectores de Experto AutoCAD con Visual LISP, Edición para la Versión 2019 pueden ahora comenzar a habituarse a este nuevo entorno con todas sus nuevas prestaciones. Espero que no solo aprendan de este libro, sino que disfruten haciéndolo.

Capítulo 1

AutoLISP en VS Code, Paso a Paso

1.1 La extensión AutoCAD AutoLISP para Visual Studio (VS) Code.

Visual Studio Code (*VS Code*) es un editor de código fuente desarrollado por Microsoft para Windows, Linux y macOS. VS Code viene con soporte incorporado para lenguajes de programación como JavaScript, TypeScript, CSS y HTML, pero el soporte para otros idiomas está disponible a través de extensiones que se pueden encontrar en el *VS Code Marketplace*.

Desde 2018, el Marketplace ha incluido varias extensiones para AutoLISP, pero con la Versión 2021 Autodesk ha introducido una extensión oficial para el desarrollo de programas AutoLISP / Visual LISP, la *AutoCAD AutoLISP Extension for Visual Studio (VS) Code*. Ha habido varias actualizaciones a esta extensión, identificándose la actual como *v1.4.0*.

En comparación con el *Entorno de Desarrollo Integrado Visual LISP* (VLIDE), VS Code no es propiamente un entorno de desarrollo, ya que carece, entre otras cosas, de la capacidad de compilar código y sus capacidades para evaluar expresiones y depuración dependen de conexiones temporales a través del *AutoLISP Debug Adapter* a una sesión de AutoCAD en ejecución.

En este momento, el editor *VS Code* admite:

- La creación y edición de archivos de código fuente AutoLISP (LSP), del Lenguaje de Control de Diálogo (DCL), de archivos de menú AutoLISP (MNL) y de archivos de Proyecto AutoLISP (PRJ).
- Autocompletar nombres de funciones e insertar fragmentos de código.

- Comentar bloques y líneas de texto.
- Formateo de expresiones AutoLISP.
- Conectar con una sesión de AutoCAD para depurar el código AutoLISP con el *AutoLISP Debug Adapter*.
- Incluye el soporte para caracteres *Unicode* que falta en VLIDE.

Hasta la versión 1.3.0 [1] de la *AutoCAD AutoLISP Extension*, no se incluía un gestor de Proyectos como el utilizado en VLIDE. En cambio, se pueden abrir una o más carpetas, que luego se pueden guardar en *Espacios de Trabajo* (*Workspaces*) para su futuro uso. Desde la versión 1.3.0 se ha agregado la vista Administrador de Proyectos de AutoLISP que hace posible usar el formato de archivo PRJ de manera parecida a como podemos usar los *Workspaces*.

El Administrador de Proyectos de AutoLISP no reemplaza el antiguo cuadro de diálogo de Proyectos VLIDE, ya que aún carece de la capacidad para compilar nuestros programas. Esto debe hacerse, desde la Consola de Depuración o la línea de comandos de AutoCAD, utilizando para archivos individuales la función **vlisp-compile** o cuando debemos tratar con más de un archivo de código fuente con la función no documentada **vlisp-compile-list**.

Para los programas más complejos, que deben incluir otros recursos como archivos DCL o TXT, se ha agregado el nuevo comando CREARAPLISP (_MAKELISPAPP) que nos permite iniciar desde la línea de comandos el antiguo Asistente para Crear Aplicación (Application Wizard) de Visual Lisp para crear un archivo *Ejecutable de Visual Lisp* (VLX).

Si bien carece de estas y muchas otras herramientas a las que nos hemos acostumbrado en VLIDE, es probable que algunas de estas se agreguen en futuras versiones. Por otro lado, nos brinda la posibilidad de incorporar la muy útil *Gestión de Control de Código Fuente* (*Source Control Management*) a través de *Git*, un programa adicional.

1.2 Instalación de VS Code.

El entorno de *VS Code* no está incluido en la instalación de AutoCAD. Al tener una sesión activa de AutoCAD 2021 o superior, cuando seleccionamos por primera vez la opción Editor de Visual Lisp en la pestaña Aplicaciones, se mostrará el mensaje *Entorno predeterminado no establecido* (ver *Figura 1.1*, izquierda). Este mensaje ofrece la posibilidad de seleccionar *Microsoft Visual Studio Code* o *AutoCAD Visual LISP* como nuestro entorno de programación.

---

[1] *Esta actualización de AutoCAD AutoLISP Extension se publicó el 12 de junio de 2020.*

Al seleccionar la opción *Visual Studio Code*, la variable del sistema **LISPSYS** se establecerá en **1**, por lo que *VS Code* se usará como editor de programación y los archivos fuente de AutoLISP se compilarán con el juego de caracteres *Unicode* [2].

Como el editor aún no se ha instalado, se mostrará un mensaje que informa que el *Entorno de Visual Studio está incompleto* (ver *Figura 1.1* derecha). Este mensaje incluye enlaces a los sitios de descarga de *VS Code* [3] y la *Extensión AutoLISP*. Este segundo enlace no es necesario ya que puede instalarse dentro de VS Code desde su Marketplace. Una vez instalado, VS Code se abrirá automáticamente.

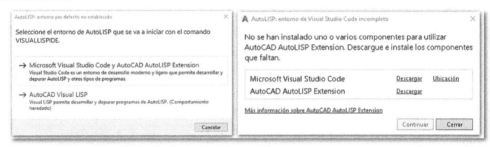

Figura 1.1. Selección del entorno y descarga de la extensión AutoLISP.

1.3 La Interfaz de Usuario de VS Code.

La interfaz de usuario de *VS Code* se compone básicamente de una Barra Lateral (Side Bar) a la izquierda que puede mostrar diferentes vistas según la tarea actual, y una ventana del Editor a la derecha, que muestra el contenido de los archivos que ha abierto. Esta *Interfaz de Usuario* se divide en seis zonas (ver *Figura 1.2*):

1. Barra de Actividades (Activity Bar): permite cambiar entre las vistas que se muestran en la Barra Lateral.

2. Barra Lateral (Side Bar): contiene diferentes vistas (Explorador, Buscar, Control de Código Fuente, Ejecutar, Extensiones o Administrador de Proyectos de AutoLISP) para asistirle mientras trabaja en su proyecto.

3. Editor: la zona donde editar sus archivos. Puede abrir tantos editores como desee, uno al lado del otro, vertical y horizontalmente. El *minimapa* del archivo activo se muestra a la derecha del Editor. Al hacer clic en el área

---

2   *El nuevo gestor LISP ahora es compatible con Unicode, por lo que generará archivos VLX y FAS que no son compatibles con versiones anteriores. Para la compatibilidad con versiones anteriores, podemos configurar LISPSYS como 2 para que use ASCII en lugar de Unicode.*

3   *También se puede descargar desde el sitio web de Visual Studio (VS) Code https://code.visualstudio. com/ Aquí debe seleccionar el instalador de acuerdo con su sistema operativo, Windows o Mac. Para Windows, debe descargar la versión de 64 bits. Como VS Code es un programa que se ejecuta independientemente de AutoCAD, se puede abrir sin una sesión activa de AutoCAD 2021.*

sombreada se salta a diferentes secciones del archivo. El editor tiene una barra de navegación encima que le permite desplazarse entre carpetas y archivos. Los elementos abiertos muestran pestañas encima del editor.

4. **Barra de Estado (Status Bar):** muestra información sobre el espacio de trabajo abierto y los archivos que edita.

5. **Panel:** los paneles bajo del editor muestran distintos tipos de información, errores y advertencias.

6. **Barra de menú:** contiene los menús desplegables Archivo, Editar, Selección, Ver, Ir, Ejecutar, Terminal y Ayuda.

A toda la funcionalidad de VS Code, según el contexto activo, se puede acceder mediante de la **Paleta de Comandos**, que se muestra tecleando CTRL+MAYÚS+P.

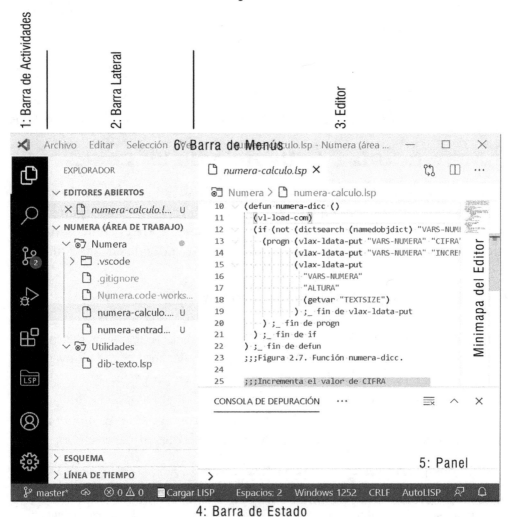

Figura 1.2. La interfaz de usuario de VS Code.

Cada vez que se inicia *VS Code*, se abre en el mismo estado en que estaba la última vez que se cerró. La carpeta, la configuración del entorno y los archivos abiertos se conservan. Los archivos abiertos en cada editor se muestran con pestañas (*Tabs*) en la parte superior del editor.

Vistas de la Barra Lateral.

Al hacer clic en los iconos de la Barra de Actividades, se selecciona la *Vista* que se mostrará en la Barra Lateral. Estos iconos se describen en la *Tabla 1.1*.

Tabla 1.1. Iconos de la Barra de Actividades.

	Explorador de Archivos (CTRL+MAYÚS+E): se utiliza para explorar, abrir y administrar los archivos y carpetas. Después de abrir un espacio de trabajo, su contenido se muestra aquí. Puede crear, eliminar y renombrar archivos y carpetas y moverlos con arrastrar y soltar.
	Buscar (CTRL+MAYÚS+F): permite búsquedas globales y reemplazo de caracteres en su carpeta activa.
	Control de Código Fuente (CTRL+MAYÚS+G): *VS Code* incluye una extensión para gestión de control de código fuente (SCM) utilizando Git. Se debe instalar Git para que estas funciones estén disponibles.
	Ejecutar (CTRL+MAYÚS+D): Muestra Variables, expresiones para Inspección, Puntos de Interrupción, y la Pila de Llamadas.
	Extensiones (CTRL+MAYÚS+X): se utiliza para instalar extensiones como la *AutoCAD AutoLISP Extension*.
	Administrador de Proyectos de AutoLISP: Gestor de proyectos AutoLISP, incluye buscar y reemplazar texto en el proyecto abierto.
	Cuentas: Gestiona la cuenta activa de Microsoft o GitHub y el estado de la sincronización.

En la parte inferior de la Barra de Actividades, al hacer clic en el icono Administrar (Manage) se muestra un menú (ver *Tabla 1.2*) que incluye la Paleta de Comandos y varias opciones para personalizar y actualizar el editor.

Tabla 1.2. *Menú del icono Administrar (Manage).*

⚙ Administrar: Despliega un menú flotante con las opciones que se muestran:	Paleta de comandos... Ctrl+Mayús+P
	Configuración Ctrl+,
	Configuración de servicios en línea
	Extensiones Ctrl+Mayús+X
	Métodos abreviados de teclado Ctrl+K Ctrl+S
	Asignaciones de teclado Ctrl+K Ctrl+M
	Fragmentos de código de usuari
	Tema de color Ctrl+K Ctrl+T
	Tema de icono de archivo
	Tema del icono del producto
	La sincronización de configuración está activa
	Buscar actualizaciones...

1.4 Personalización de VS Code.

Usaremos un par de opciones del menú del icono Administrar para establecer dos personalizaciones que emplearemos en este libro. La primera será establecer el idioma español para la interfaz de usuario de *VS Code*, y la otra será establecer un tema de color más adecuado para las capturas de pantalla que se presentan en el libro.

Instalación del idioma español para VS Code.

VS Code utiliza inglés como idioma predeterminado en su interfaz de usuario. Para este libro hemos preferido utilizar *VS Code* en idioma español. Para establecer el español como idioma para *VS Code* es necesario instalar una *Extensión*. Para ello seleccionaremos la opción de menú Ver > Extensiones (o haremos clic en el icono Extensiones de la Barra de Actividades) lo que abrirá la Vista EXTENSIONES en la Barra Lateral.

Para encontrar las que tienen que ver con el idioma español tecleamos **spanish** en la casilla de texto en la parte superior de la Vista (ver *Figura 1.3*). Ahí seleccionaremos el *Spanish Language Pack for Visual Studio Code*, haciendo clic en el botón Instalar. Una vez instalado debemos reiniciar *VS Code* para que los cambios surtan efecto.

Tema de Color.

El tema de color predeterminado para *VS Code* tiene un fondo oscuro. Pero para las capturas de pantalla incluidas en el libro preferimos tener un fondo más claro. Para ello hemos cambiado el tema de color predeterminado Dark+ por el tema Light+ (default light).

Para cambiar el tema de color, debemos seleccionar la opción de menú Tema de Color que se muestra en Archivo > Preferencias o en el menú del icono Administrar (la imagen de engranaje) en la Barra de Actividades donde podemos seleccionar la combinación de colores deseada.

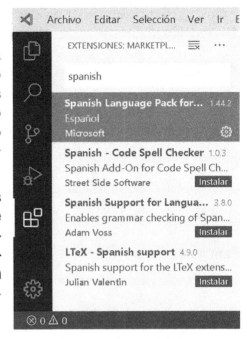

Figura 1.3. Instalación del idioma español.

1.5 Instalación de la Extensión AutoLISP.

En la Barra de Actividades de *VS Code*, seleccione el icono Extensiones (o CTRL+MAYÚS+X). Esto mostrará una lista de las muchas extensiones disponibles para personalizar VS Code habilitando su uso con diferentes lenguajes de programación. Para encontrar la *AutoCAD AutoLISP Extension*, podemos escribir **autolisp** en el cuadro de búsqueda en la parte superior de la lista. Esto mostrará varias extensiones disponibles de las cuales seleccionaremos la oficial, creada por Autodesk (ver *Figura 1.4*).

Figura 1.4. Instalación de la AutoCAD AutoLISP Extension.

Al hacer clic en el botón verde INSTALAR se configurará *VS Code* para nuestro trabajo con AutoLISP / Visual LISP. Una vez instalado y si estamos usando

AutoCAD para Windows, *VS Code* se puede iniciar desde AutoCAD llamando al comando VLISP.

Definición de los tipos de archivo predeterminados.

Al no ser un editor específico para archivos AutoLISP, *VS Code* supone que un nuevo archivo creado es un archivo de texto sin formato. Solo después de que se haya guardado con extensiones como LSP, DCL o MNL, sabrá que debe habilitar las herramientas asociadas con la *AutoCAD AutoLISP Extension*. Pero como normalmente lo usaremos para AutoLISP, es conveniente establecer la configuración de Idioma Predeterminado (Default Language) de *VS Code* como **autolisp**.

Para hacer esto se siguen los siguientes pasos:

- En *VS Code*, seleccionamos la opción de menú Archivo > Preferencias > Configuración.
- En la casilla de texto Búsqueda de Configuración, tecleamos la expresión **idioma predeterminado** o **default language**.
- En el cuadro de texto Files: Default Language que aparece en la lista de Configuraciones, tecleamos **autolisp**.

Después de esto, ya podemos usar *VS Code* para escribir nuestros programas. Pero la interacción con AutoCAD para verificar y depurar nuestro código requiere algunos pasos más.

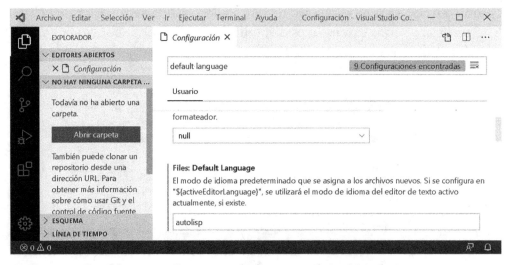

Figura 1.5. Establecer autolisp como el idioma predeterminado.

1.6 El Explorador de Archivos y el Editor.

El EXPLORADOR se utiliza para explorar, abrir y administrar todos los archivos y carpetas de su proyecto. Al abrir una carpeta en VS Code, su contenido se muestra en el EXPLORADOR. Desde aquí puedes:

- Crear, eliminar y cambiar el nombre de archivos y carpetas.
- Mover archivos y carpetas con arrastrar y soltar.
- Utilizar el menú contextual para explorar las opciones disponibles.

La vista EXPLORADOR incluye tres secciones denominadas EDITORES ABIER-TOS, ESQUEMA y LÍNEA DE TIEMPO.

Editores Abiertos.

En la parte superior del Explorador hay una sección etiquetada EDITORES ABIERTOS. Esta es una lista de archivos que abrió anteriormente en *VS Code*. Un archivo aparecerá en la sección EDITORES ABIERTOS si usted:

- Hizo un cambio a un archivo.
- Hizo doble clic en el encabezado de un archivo.
- Hizo doble clic en un archivo en el Explorador.
- Abrió un archivo que no es parte de la carpeta actual.

Al hacer clic en un elemento en la sección EDITORES ABIERTOS, el mismo se activa en el Editor. De manera predeterminada, al salir *VS Code* recordará los cambios no guardados en los archivos. Estos archivos aparecen en la vista EDITORES ABIERTOS de manera que puede continuar con las modificaciones realizadas en una sesión anterior. Si va a cerrar el archivo, recibirá una advertencia indicando que hay cambios sin guardar en el mismo.

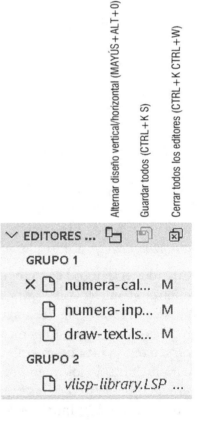

Figura 1.6. EDITORES ABIERTOS mostrando GRUPOS.

Grupos del Editor.

Al dividir un editor (con cualquier opción del menú Ver > Diseño del editor), se crean nuevas regiones de editor llamadas GRUPOS.

Los GRUPOS y los archivos que contienen se muestran en la sección EDITO-RES ABIERTOS en la parte superior de la vista del EXPLORADOR. Cambiar el GRUPO activo se puede hacer seleccionándolo o con los comandos incluidos en la opción de menú Ir > Cambiar grupo. Por defecto, los grupos de editores se presentan en columnas. El diseño se puede cambiar a filas con:

- la opción Diseño del Editor > Invertir diseño del menú Ver
- con el botón Alternar Diseño Vertical/Horizontal en la barra de herramientas de EDITORES ABIERTOS
- con el atajo de teclado MAYÚS+ALT+0

Secciones de Esquema y Línea de Tiempo.

La sección ESQUEMA mostrará el árbol de símbolos del editor actualmente activo de acuerdo con la información de las extensiones instaladas. La extensión AutoLISP aún no tiene esto implementado.

La sección LÍNEA DE TIEMPO muestra los eventos de la serie temporal del Control de código fuente (ver *Capítulo 2*, sección *2.10*) para el editor activo.

Autocompletado de Código Inteligente.

El rasgo más característico del editor *VS Code* es su autocompletado inteligente conocido como *IntelliSense*. IntelliSense es un término general para una variedad de características de edición de código fuente que incluyen el *autocompletado*, unido a la *información sobre parámetros*.

Cuando tecleamos la primera letra, se mostrará una lista de nombres que comienzan con ella (ver *Figura 1.7*). El autocompletado inteligente de código se basa en la semántica del lenguaje y un análisis de su código fuente. Las sugerencias de IntelliSense aparecen a medida que se escribe. Si continúa tecleando caracteres, la lista de miembros (variables, funciones, etc.) de la lista se filtra para incluir solo los miembros que contienen los caracteres tecleados. Al presionar TAB o INTRO se insertará el miembro seleccionado. En su implementación de AutoLISP, Intellisense mostrará:

- *Nombres de funciones*, identificados por un icono de llave inglesa.
- *Fragmentos de código (snippets)*, identificados por un icono cuadrado.

■ *Cadenas de caracteres*, identificadas por las letras ABC [4].

Los *Fragmentos de código* (*Snippets*) son plantillas que facilitan la introducción de patrones de código repetidos, como bucles o sentencias condicionales. En VS Code, los fragmentos aparecen en IntelliSense (CTRL+ESPACIO) mezclados con otras sugerencias, así como en un selector de fragmentos dedicado (tecleando Insert Snippet (Insertar fragmento de código) en la Paleta de Comandos).

Podemos expandir la *Información rápida* [5] para cada fragmento de código presionando CTRL+ESPACIO o haciendo clic en el icono Leer más... (En inglés Quick Info). La documentación del fragmento ahora se expandirá a un lado (ver *Figura 1.7*, abajo).

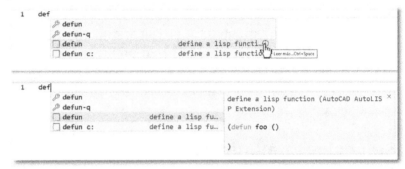

Figura 1.7. Lista que muestra Intellisense (arriba) e información rápida (abajo).

La documentación ampliada se mantendrá así y se actualizará a medida que navegue por la lista. Puede cerrarlo presionando CTRL+ESPACIO nuevamente o haciendo clic en el icono Leer menos... . Para ver todos los miembros Intellisense disponibles, puede usar el atajo de teclado CTRL+ESPACIO sin escribir ningún carácter. Esta información sólo está disponible en inglés.

Resaltado de sintaxis.

Otra característica del editor es el resaltado de sintaxis que muestra el código en diferentes colores según su tipo de elemento (ver *Tabla 1.3*). La codificación por colores ayuda a identificar los elementos escritos, lo que facilita la detección de errores como comillas faltantes o nombres de funciones mal escritos.

Tabla 1.3. Codificación por color del Editor.

Color:	Elemento:	Color:	Elemento:
Azul	Funciones nativas	Verde-Azul	Números
Rojo	Cadenas de caracteres	Negro	Paréntesis
Verde	Comentarios	Negro	No reconocido

4   Estas cadenas de caracteres se toman del código ya escrito.
5   En otros lenguajes de programación, la Información rápida también se muestra para los nombres de las funciones. Esperamos que esto se agregue a la extensión AutoLISP en futuras versiones.

Coincidencia de paréntesis y cierre automático.

Todas las expresiones LISP son *listas*, que se definen por estar encerradas entre paréntesis. Así que una característica extremadamente útil en *VS Code* es la *coincidencia de paréntesis* y el *cierre automático de los mismos*. Cuando se teclea un paréntesis, el editor agregará automáticamente el paréntesis de cierre correspondiente. Los paréntesis coincidentes se resaltarán tan pronto como el cursor esté cerca de uno de ellos. Puede saltar al paréntesis coincidente con CTRL+MAYÚS+° De esta manera, el programador puede detectar cualquier coincidencia incorrecta, lo que provocaría el mal funcionamiento del programa.

La coincidencia de paréntesis y el cierre automático funcionan *tanto para paréntesis como para corchetes* ([]) en archivos LSP. En archivos DCL solo funciona para *llaves* ({}), no para paréntesis o corchetes. Aunque no son paréntesis, las *comillas dobles* también se cerrarán automáticamente si se teclean en un archivo LSP.

Selecciones múltiples.

VS Code admite *cursores múltiples* para la edición rápida y simultánea. Se pueden insertar cursores múltiples en diferentes lugares del documento con ALT+CLIC. Un doble clic en cualquier cadena de caracteres la seleccionará. Se puede hacer una selección múltiple de diferentes cadenas de caracteres con ALT+DOBLECLICK [6].

Habiendo seleccionado una cadena de caracteres en el Editor, CTRL+D selecciona su siguiente aparición y CTRL+MAYÚS+L selecciona todas sus ocurrencias.

Para copiar una línea e insertarla encima o debajo de la posición actual, podemos usar los atajos de teclado MAYÚS+ALT+FLECHAABAJO o MAYÚS+ALT+FLECHAARRIBA respectivamente. O podemos mover una línea completa o una selección de líneas hacia arriba con ALT+FLECHAARRIBA y hacia abajo con ALT+FLECHAABAJO. Se puede eliminar una línea completa con CTRL+MAYÚS+K.

Buscar y reemplazar.

Podemos reemplazar todas las instancias de una cadena seleccionada en un documento con una diferente usando la opción del menú contextual (clic

---

6   *Estas combinaciones pueden alternarse con CTRL+CLICK y CTRL+DOBLECLICK mediante la opción Alternar modificador multicursor (Toggle Multi-Cursor Modifier) en la Paleta de Comandos.*

derecho) Cambiar todas las ocurrencias (o CTRL+F2). Esto seleccionará todas sus instancias en el archivo actual, reemplazándolas al teclear algo nuevo.

La búsqueda y el reemplazo de cadenas de caracteres se puede hacer usando el artilugio (*widget*) Buscar/Reemplazar que se muestra seleccionando las opciones de menú Editar > Buscar (CTRL+F) o Editar > Reemplazar (CTRL+H).

Figura 1.8. Reemplazo de texto desde el menú contextual del Editor.

Cuando se abre el artilugio de Buscar, la casilla de texto se rellenará automáticamente con lo seleccionado en el Editor. De manera predeterminada, las operaciones de búsqueda se ejecutan sobre todo el archivo abierto en el Editor. También se puede ejecutar la búsqueda sobre el texto seleccionado. Puede activar esta función haciendo clic en el *icono de hamburguesa* (Buscar en selección o ALT+L) en el artilugio de Buscar.

Además de buscar y reemplazar con texto sin formato, el artilugio Buscar/Reemplazar también tiene tres opciones de búsqueda avanzada:

- Coincidir mayúsculas y minúsculas (ALT+C).
- Solo palabras completas (ALT+W).
- Usar expresión regular (ALT+R).

El cuadro de entrada para reemplazo admite la conservación de mayúsculas y minúsculas, puede activarlo haciendo clic en el botón Conservar mayúsculas y minúsculas (AB).

Figura 1.9. Artilugio Buscar-Reemplazar.

Buscar en archivos.

VS Code permite buscar rápidamente en todos los archivos de todas las carpetas abiertas. Para buscar un texto seleccionado en todos los archivos seleccione la opción de menú Editar > Buscar en archivos o teclee CTRL+MAYÚS+F. Si no se ha seleccionado nada en el Editor, puede ingresar el término a buscar en el cuadro de entrada que se muestra.

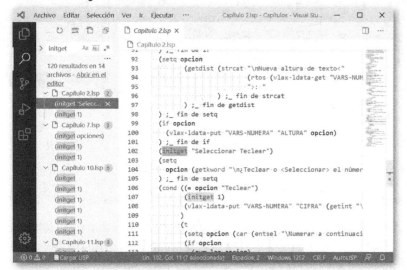

Figura 1.10. Buscando en archivos.

Para buscar sólo en los archivos de una carpeta específica se puede seleccionar dicha carpeta en la vista Explorador y elegir Buscar en carpeta... en el menú contextual o usar el atajo de teclado MAYÚS+ALT+F. En este caso se incluirá automáticamente la trayectoria de dicha carpeta en la casilla Archivos para incluir.

Los resultados de la búsqueda se agrupan de acuerdo con los archivos donde se encontró el término de búsqueda indicando el número de resultados y su ubicación en cada archivo (ver *Figura 1.10*). En su forma expandida se muestran todos los aciertos dentro de él. Al hacer clic sobre uno de ellos, se localiza su posición en el Editor.

Edición lado a lado.

Se pueden abrir tantos editores como necesite uno al lado del otro. Para abrir un nuevo Editor al lado del existente:

- ALT+CLIC en un archivo en el Explorador.
- CTRL+° divide el Editor activo en dos.
- Seleccionando Abrir en el lateral (CTRL+INTRO) en el menú contextual del Explorador con el cursor sobre un archivo.
- Seleccionando el botón Dividir Editor Derecho (CTRL+°) en la esquina superior derecha de una ventana del Editor.

- Arrastrando y soltando un archivo a cualquier lado del Editor.
- Usando CTRL+INTRO en la lista de Buscar archivos por nombre (CTRL+P).

Cada vez que abre un archivo, el Editor que esté activo mostrará su contenido. De manera predeterminada, los nuevos editores se abrirán en el lado derecho del activo.

Minimapa.

Un *Minimapa* (esquema de código) le brinda una visión de conjunto de su código fuente, que es útil para una navegación rápida en archivos muy largos. Se muestra en el lado derecho del Editor (ver *Figura 1.2*). Puede hacer clic en cualquier punto o arrastrar el área sombreada para saltar rápidamente a diferentes secciones de su archivo.

Modo Zen.

El Modo Zen le permite concentrarse en su código al ocultar toda la interfaz de usuario excepto el Editor (sin Barra de Actividades, Barra Lateral, Barra de Estado y Panel), yendo a pantalla completa y centrando el Editor. El Modo Zen se puede alternar usando la opción de menú Ver > Apariencia > Modo Zen, o el atajo de teclado CTRL+K Z. Doble ESC sale del Modo Zen.

1.7 Estructura del Espacio de Trabajo (Workspace).

Primero discutiremos la estructura del *Espacio de Trabajo* (*Workspace*) que utilizaremos en nuestro proyecto. Un *Espacio de Trabajo VS Code* es el conjunto de carpetas y archivos de un proyecto. Un Espacio de Trabajo puede contener múltiples carpetas. Se pueden establecer *configuraciones y preferencias específicas* de *VS Code* sobre la base del Espacio de Trabajo. *VS Code* no admitía el formato original del *Proyecto VLIDE* (archivos PRJ) hasta la versión 1.3.0, en la que se introdujo la vista Administrador de Proyectos AutoLISP en la Barra Lateral. Pero la única diferencia con los *Workspaces* de VS Code es que la información sobre los archivos LSP se almacena en el antiguo formato de archivo PRJ. En su estado actual, el uso de los *Espacios de Trabajo* resulta más útil, ya que puede incluir otros recursos, como archivos DCL o de texto. Para el tutorial en que demostraremos el uso de *VS Code*, emplearemos el concepto de *Workspace*.

Un caso verdadero.

Como introducción tanto al lenguaje de programación como al nuevo editor de programación *Visual Studio Code*, seguiremos el proceso que lleva desde el planteamiento inicial del problema hasta su solución como una nueva aplicación para AutoCAD. Hace algún tiempo, un amigo de Colombia planteó el siguiente problema:

> *Debo colocar a cada predio de cada manzana un número consecutivo incre-mentado de 10 en 10. Es decir que si tengo una manzana y coloco un número x en la primera casa de esta, yo pueda con sólo picar el primer número, volver a picar en la segunda casa y me coloque el número anterior incrementado en 10, y así sucesivamente. Actualmente coloco todos los textos iguales y luego procedo a cambiarlos uno a uno, lo que me resulta muy lento.*

Este es un ejemplo típico de cómo unas pocas líneas de código pueden au-mentar nuestra productividad. A pesar de su sencillez, estableceremos desde ahora, en el desarrollo de este programa usando el editor *Visual Studio Code*, una serie de hábitos de trabajo imprescindibles en aplicaciones de mayor com-plejidad.

Carpetas del proyecto.

Lo primero será establecer una estructura de carpetas y archivos que nos permita organizar el trabajo. Las carpetas en *VS Code* se usan para organizar el código fuente LISP y otros archivos de recursos para nuestros programas, y para almacenar configuraciones de depuración y configuraciones de entorno. Para guardar los componentes de nuestros programas crearemos una carpeta con el nombre VSCode Workspaces. Una vez creada esta carpeta la debemos incluir en la lista Ruta de búsqueda de archivo de soporte y la de Ubicaciones de Confianza de AutoCAD. Esto lo hacemos desde la ficha Archivos del cuadro de diálogo Opciones [7].

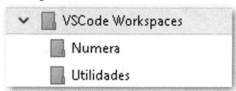

Figura 1.11. Estructura de carpetas.

Dentro de la carpeta VSCode Workspaces crearemos las carpetas para nuestros diversos proyectos. El de este proyecto en particular se llamará Numera. Dentro

---

7   *Para mostrar este cuadro de diálogo, podemos usar el menú contextual de la ventana gráfica o usar el comando OPCIONES.*

de la carpeta VSCode Workspaces también crearemos una carpeta llamada Utilidades, diseñada para contener archivos de código fuente para aquellas funciones destinadas a ser utilizadas en más de un proyecto. La *Figura 1.11* muestra la vista en árbol de la estructura propuesta.

El haber incluido la carpeta VSCode Workspaces en las trayectorias de búsqueda de archivos de soporte nos permitirá cargar un programa a partir de una trayectoria relativa sin incluir su nombre con una expresión del tipo:

```
(load "./<nombre-carpeta>/<nombre-archivo>")
```

El nombre del archivo no tiene necesariamente que incluir la extensión. El sistema buscará archivos con las extensiones .VLX (aplicación Visual LISP compilada), .FAS (archivo AutoLISP compilado) o .LSP (archivo de código fuente AutoLISP) en ese orden y cargará el primero que encuentre.

Desde la Versión 2016, la firma digital también se verifica en archivos ejecutables como LSP, FAS o VLX. Intentar cargar un ejecutable no firmado dará como resultado un *Aviso de Seguridad* (ver *Figura 1.13*).

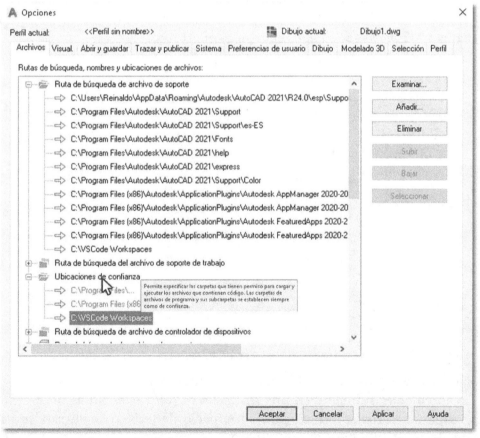

Figura 1.12. Configuración de las carpetas de Soporte y Ubicaciones de confianza.

Figura 1.13. Mensaje de advertencia de seguridad.

Guardar un *Espacio de Trabajo.*

Puesto que el programa que vamos a desarrollar en este tutorial usará código de dos carpetas diferentes, debemos tener una forma de agruparlos. Esto lo podemos hacer usando un *Espacio de Trabajo* (*Workspace*). Un Espacio de Trabajo (o ÁREA DE TRABAJO) es especialmente útil en casos como este, en los que nuestro código se distribuye entre varias carpetas. Esto es lo que *VS Code* llama un *Espacio de Trabajo multi-raíz* (*multi-root*).

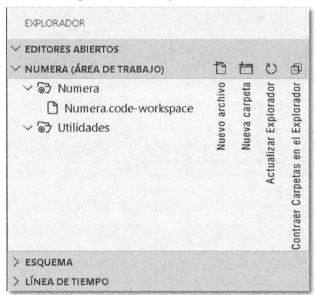

Figura 1.14. Iconos de la barra del Área de Trabajo.

Un Espacio de Trabajo multi-raíz es un conjunto de carpetas (las *"raíces"*) que se abren colectivamente en una instancia de *VS Code*. No es necesario que compartan carpetas principales. Un espacio de trabajo multi-raíz se define mediante un archivo .code-workspace que contiene tanto la lista de carpetas que se incluirán en el espacio de trabajo como cualquier configuración especial de *VS Code* que deba aplicarse al mismo.

Para guardar este Espacio de Trabajo, primero abriremos la carpeta en la que deseamos guardarlo seleccionando la opción de menú Archivo > Abrir carpeta (o CTRL+K CTRL+O), seleccionando la carpeta Numera que creamos anteriormente. Luego usaremos la opción de menú Archivo > Guardar área de trabajo como..., escribiendo Numera como nombre de archivo. Esto creará un archivo con el nombre Numera.code-workspace.

Entonces debemos agregar las carpetas que vamos a utilizar en este proyecto: Numera y Utilidades. Esto se puede hacer seleccionando la opción de menú Archivo > Agregar carpeta al área de trabajo... para cada una de las carpetas. El icono Nueva carpeta de la barra del Área de Trabajo (ver *Figura 1.14*) crea nuevas carpetas dentro del Espacio de Trabajo.

Uso de la alternativa del Administrador de Proyectos AutoLISP.

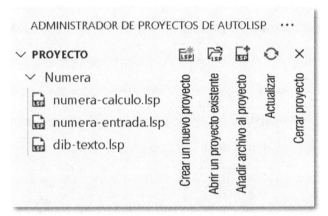

Figura 1.15. Sección de definición del proyecto.

Si preferimos usar la nueva vista Administrador de Proyectos AutoLISP para organizar nuestros archivos de código, podemos recurrir a su sección PROYECTO (ver *Figura 1.15*). La barra de herramientas de esta sección ofrece las siguientes opciones:

- Crear un nuevo proyecto: abre un diálogo de búsqueda de archivo Guardar como... en el que podemos seleccionar la carpeta para el archivo PRJ y escribir su nombre.
- Abrir un proyecto existente: abre un cuadro de diálogo de búsqueda para archivos PRJ.
- Añadir archivo al proyecto: abre un cuadro de diálogo de búsqueda para archivos LSP en que seleccionar archivos para agregar al proyecto actual.

- Actualizar: actualiza los cambios en la vista.
- Cerrar proyecto: Cierra el Proyecto actual mostrando un mensaje solicitando confirmar dicha acción.

Cuando se crea un nuevo Proyecto, los archivos LSP incluidos se mostrarán en la sección PROYECTO de la vista. Al comparar esta vista (ver *Figura 1.15*) con la vista de ÁREA DE TRABAJO equivalente (ver *Figura 1.14*), podemos ver que la vista PROYECTO no muestra los nombres de las carpetas y tampoco ofrece la posibilidad de crear nuevas carpetas. Para eliminar un archivo del Proyecto, podemos hacer clic derecho en su nombre y seleccionar la opción Eliminar archivo del proyecto en el menú contextual.

Abrir un Proyecto diferente o crear uno nuevo cerrará el actual. En este caso, si hay cambios no guardados en el Proyecto o en sus archivos, se mostrará un mensaje solicitando guardar esos cambios. Si un proyecto está abierto en la vista PROYECTO, al abrir una carpeta en las vistas EXPLORADOR o CONTROL DE FUENTE, el mismo se cerrará. Cuando se modifica un archivo en el Proyecto, aparecerá un número junto al ícono EXPLORADOR en la Barra de Actividad que muestra el número de archivos con cambios no guardados.

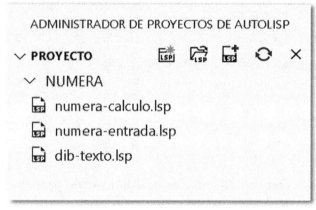

Figura 1.16. Archivos incluidos en el Proyecto.

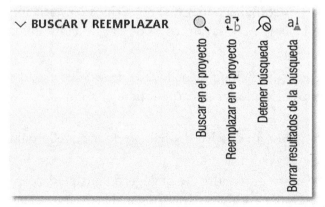

Figura 1.17. Sección BUSCAR Y REEMPLAZAR del Administrador de Proyecto.

La vista del Administrador de Proyectos incluye una sección BUSCAR Y REEMPLAZAR que duplica la opción de menú Editar > Buscar en archivos (ver Figura 1.9) para aquellos archivos incluidos en el Proyecto.

1.8 Definir la Configuración de Depuración.

Como hemos dicho, el editor *VS Code* no es parte de AutoCAD. Para poder probar y depurar nuestro código, podemos establecer un enlace temporal a la aplicación AutoCAD. Esto se hace seleccionando una de las dos *configuraciones de depuración* disponibles. Estas configuraciones para usar con la *AutoCAD AutoLISP Extension* son:

- *AutoLISP Debug: Attach (attachlisp)*: se identifica una instancia en ejecución de AutoCAD que se vincula antes de que *VS Code* ingrese al modo de Depuración.
- *AutoLISP Debug: Launch (launchlisp)*: se inicia una nueva instancia de AutoCAD antes de que *VS Code* ingrese al modo de Depuración.

Antes de la versión 1.3.0 de la *AutoCAD AutoLISP Extension*, estas configuraciones de depuración debían almacenarse en nuestra carpeta del *Espacio de Trabajo* como un archivo launch.json. Esto implicaba que para cada área de trabajo diferente debería haber uno de estos archivos. Ahora la configuración de depuración se puede almacenar como una *Configuración de la Extensión* de carácter general, de manera que no sean necesarios todos esos archivos launch.json.

Figura 1.18. Abrir la Configuración de extensión.

Esto se hará utilizando la opción Configuración de la extensión (ver *Figura 1.18*) del menú que aparece al hacer clic sobre el icono Administrar de la *AutoCAD AutoLISP Extension*. Esto abrirá el Editor de Configuraciones para la extensión. Se seleccionará la pestaña Usuario, lo que significa que la configuración que establecemos se guardará en el archivo AppData\Roaming\Code\User\settings.json del usuario actual de manera que afectará a todos los procesos de la aplicación. Las primeras tres configuraciones son las que permitirán el enlace necesario a la aplicación AutoCAD:

- Autolispext > Debug: Attach Process: nombre del proceso para filtrar para *Debug Attach*.
- Autolispext > Debug: Launch Parameters: modificadores opcionales de inicio en la línea de comandos de AutoCAD.
- Autolispext > Debug: Launch Program: ruta absoluta al ejecutable de AutoCAD.

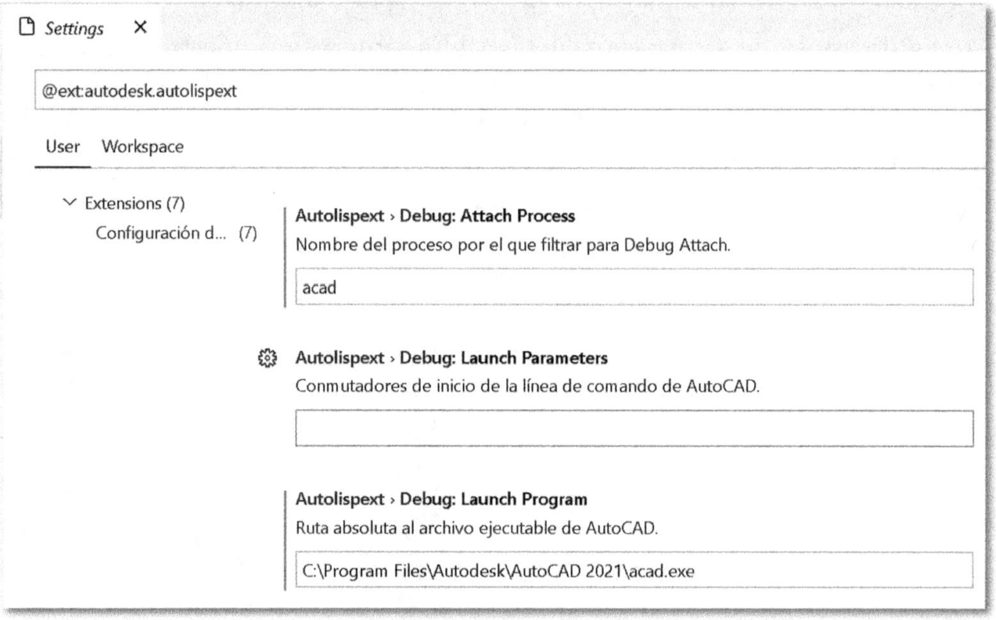

Figura 1.19. Ajustes de Depuración para la Extensión AutoLISP.

Los valores a ingresar para estas configuraciones son:

- En el cuadro de texto Debug: Attach Process, teclee **acad** (para Windows) o **AutoCAD** (para Mac OS).

- En el cuadro de texto Debug: Launch Parameters, especifique cualquier parámetro que pueda estar utilizando para iniciar AutoCAD.
- En el cuadro de texto Debug: Launch Program, ingrese la ruta absoluta al ejecutable de AutoCAD, generalmente C:\Program Files\Autodesk\Auto-CAD 2021\acad.exe para Windows y /Applications/Autodesk/AutoCAD 2021/ AutoCAD 2021.app/Contents/MacOS/AutoCAD para MacOS.

Utilización del archivo launch.json.

La forma original de *VS Code* para configurar el proceso de depuración a través del archivo launch.json sigue siendo válida para trabajar con AutoLISP. Es la forma en que debemos usar en caso de que deseemos *establecer diferentes configuraciones de acuerdo con el Área de Trabajo (Workspace) que estemos usando*. Hemos detectado que algunas características de la interfaz de usuario de *VS Code* pueden verse afectadas cuando estos archivos no están presentes. Como usualmente tendremos una sesión activa de AutoCAD cuando codifiquemos nuestros programas de AutoLISP, usaremos la configuración AutoLISP Debug: Attach.

Para crear el archivo launch.json podemos usar la opción de menú Ejecutar > Agregar configuración... o podemos hacer clic en el icono Ejecutar en la Barra de Actividades y seleccionar el enlace "cree un archivo launch.json". Luego debemos seleccionar la carpeta en la que se guardará el archivo de configuración. Después de seleccionar la carpeta, se nos pedirá que seleccionemos entre AutoLISP Debug: Attach y AutoLISP Debug: Launch como el entorno de depuración que se utilizará. Esto abrirá el archivo launch.json en una ventana del Editor.

Este archivo ahora mostrará una advertencia en la sección **"attributes"** que indica que Este archivo ahora mostrará una advertencia en la sección "atributos" indicando que **"Esta configuración ha quedado en desuso. En su lugar, use la configuración Depuración: proceso de conexión de la extensión AutoCAD AutoLISP"**. Pero cambiar esto por la cadena **"process": "acad"** [8] creará un archivo de configuración de depuración perfectamente válido que se muestra en el *Listado 1.1*. Esta configuración se guardará en un archivo con el nombre launch.json en una subcarpeta llamada .vscode.

---

8 *"AutoCAD" para Mac OS.*

```
{
    // Use IntelliSense para saber los atributos posibles.
    // Mantenga el puntero para ver las descripciones de los
existentes atributos.
    // Para más información, visite: https://go.microsoft.com/
fwlink/?linkid=830387
    "version": "0.2.0",
    "configurations": [
        {
            "type": "attachlisp",
            "request": "attach",
            "name": "AutoLISP Debug: Attach",
            "attributes": {
                "process": "acad"
            }
        }
    ]
}
```

Listado 1.1. Código para el archivo launch.json.

En aquellos casos en los que se utiliza la configuración AutoLISP Debug: Launch (launchlisp), en lugar del atributo **"process"**, se debe incluir un atributo **"path"**, establecido en la ruta absoluta del ejecutable de AutoCAD. En Mac OS, debería ser "**.../AutoCAD .app/Contents/MacOS/AutoCAD**" en lugar de la ruta absoluta de AutoCAD.

1.9 Activación del Control de Código Fuente.

El *control de código fuente* es la práctica de rastrear y administrar cambios en el código de software. El software de control de código fuente realiza un seguimiento de cada modificación del código en un tipo especial de base de datos. Si se comete un error, los desarrolladores pueden corregirlo comparando versiones anteriores del código. El sistema de control de código fuente más utilizado hoy en día es *Git*. Es un proyecto de código abierto desarrollado originalmente en 2005 por Linus Torvalds, el creador del kernel del sistema operativo Linux.

Para que las funciones de Control de Código Fuente (Source Control Management) de *VS Code* estén disponibles, debemos instalar el software de *Git*. El instalador se puede descargar desde el sitio web de Git en:

https://git-scm.com/download/.

Una vez que se instala Git, la vista CONTROL DE CÓDIGO FUENTE mostrará el mensaje "El espacio de trabajo abierto actualmente no tiene ninguna carpeta que contenga repositorios git" y un botón con el texto Inicializar Repositorio.

Un *repositorio* es el elemento básico de Git. Contiene todos los archivos del proyecto (incluida la documentación) y almacena el historial de revisión de cada archivo. Los repositorios pueden tener varios colaboradores y pueden ser públicos o privados. Al hacer clic en el botón Inicializar Repositorio, se abrirá un cuadro de búsqueda desde donde podemos elegir la carpeta que albergará el repositorio.

Los repositorios de Git se crean por carpeta. No existe un equivalente a los *Espacios de Trabajo* de *VS Code* o los *Proyectos AutoLISP*. De manera que, en el caso de nuestro proyecto, tendremos que crear dos repositorios diferentes, uno para la carpeta Numera y el otro para la carpeta Utilidades. Si tenemos que inicializar repositorios en varias carpetas podemos utilizar el comando Git: Inicializar el repositorio desde la Paleta de Comandos. Para buscar este comando en la Paleta podemos teclear `git repo` en la casilla de búsqueda.

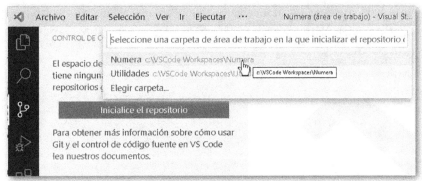

Figura 1.20. Inicializando un repositorio.

Pero como los repositorios también pueden incluir otras carpetas, también podríamos inicializar nuestro repositorio en una carpeta raíz que a su vez contenga las dos carpetas que contienen nuestros archivos de código fuente. La elección dependería del flujo de trabajo deseado. Este tutorial está diseñado para mantener la compatibilidad con nuestro libro de programación Visual LISP.

Al hacer clic en el botón Inicializar repositorio, se creará una carpeta oculta llamada .git, que contendrá una colección de las diferentes versiones de los archivos alojados en la carpeta elegida que se han *confirmado* (*committed*) al repositorio. En algunos casos el botón Inicializar repositorio no se muestra, en cuyo caso tendremos que usar la Paleta de Comandos como se explica más arriba.

El contenido del repositorio recién creado se muestra como una *rama* (*branch*) que tomará el nombre de master. Normalmente estaremos trabajando con otras ramas, que inicialmente son copias de la versión guardada en master. Esto nos permitirá continuar desarrollando nuestro programa en una rama diferente mientras mantenemos el código almacenado en master seguro. Una vez probado, este código modificado se puede incorporar al master.

Para crear una nueva rama, estando activa la Vista CONTROL DE CÓDIGO FUENTE: GIT, se hará clic sobre el nombre de la rama activa, lo que abrirá un cuadro de diálogo donde seleccionaremos la opción Crear rama. Entonces se presentará un cuadro de texto donde podemos teclear el nombre de la nueva rama.

Tenga en cuenta que los repositorios incluirán *todos los archivos de la carpeta*, no solo los archivos de código fuente LSP. Como algunos de estos archivos no son parte de nuestro proyecto, deberíamos optar por ignorarlos. Eso se hace agregándolos a un archivo .gitignore. Esto se puede hacer usando la opción del menú contextual Agregar a .gitignore. Una vez agregados al archivo .gitignore, estos archivos no se mostrarán en la vista CONTROL DE CÓDIGO FUENTE, pero todos aparecerán en la vista EXPLORADOR.

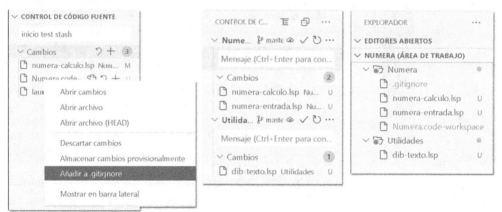

Figura 1.21. Izquierda: Añadiendo archivos a gitignore. Centro y derecha: Archivos que se muestran en las vistas CONTROL DE CÓDIGO FUENTE y EXPLORADOR.

Actualmente, el Administrador de proyectos de AutoLISP no está sincronizado con las vistas EXPLORADOR o CONTROL DE CÓDIGO FUENTE. Al abrir una carpeta en ellos, cualquier Proyecto abierto desaparecerá de la vista PROYECTO. En caso de que queramos utilizar El Control de Código Fuente mientras trabajamos en el entorno del Administrador de Proyectos, tendremos que abrir cada carpeta que contenga los archivos LSP del Proyecto utilizando la vista CONTROL DE CÓDIGO FUENTE, uno a uno, creando un repositorio en cada uno de ellos. Luego de hacer esto tendremos que reabrir el Proyecto que habrá desaparecido de la vista PROYECTO. Este es un error del que hemos informado, por lo que esperamos que se solucione en un futuro próximo.

Configuraciones de Git.

Una *confirmación* (*commit*) agrega los últimos cambios del archivo de código fuente a la rama del repositorio actualmente seleccionada. Estas confirmaciones se mantienen en esa rama del repositorio indefinidamente. Cuando los usuarios realizan una actualización o recuperan un archivo desde allí, recibirán la última versión confirmada, a menos que especifiquen que desean recuperar una versión anterior. Para identificar quién realizó los cambios, ya que varios programadores pueden estar trabajando en un mismo proyecto, Git requerirá que se identifique al usuario antes de confirmar los cambios.

Esto se puede hacer con una herramienta llamada `git config`, que le permite obtener y establecer variables de configuración que controlan todos los aspectos de cómo funciona Git. Esta herramienta se utiliza para configurar su nombre de usuario y dirección de correo electrónico. Esto se hace en el Panel TERMINAL de *VS Code* (ver *Figura 1.22*). Los comandos a teclear son:

```
git config --global user.name "Tu Nombre"
git config --global user.email tunombre@tusitio.com
```

En este caso, el uso de la opción `--global` le indicará a Git que use esa información siempre para cualquier cosa que haga en ese sistema. Esta configuración se puede anular para proyectos específicos con un nombre o dirección de correo electrónico diferentes ejecutando el comando sin la opción `--global` cuando se encuentre en ese proyecto.

Figura 1.22. Uso del TERMINAL para establecer el nombre de usuario global.

Para verificar los valores que acabamos de agregar, podemos usar los siguientes comandos:

```
git config user.name
git config user.email
```

1.10 Resumen.

En este primer Capítulo hemos examinado cómo preparar *VS Code* para su uso en el desarrollo de nuestros programas AutoLISP / Visual LISP para AutoCAD. Esto cubre los siguientes temas:

- Cómo instalar el editor de programación *Visual Studio Code (VS Code)* y cómo agregar la *AutoCAD AutoLISP Extension* que habilita una serie de herramientas destinadas a crear, editar, comprobar y depurar programas AutoLISP.

- Hemos mostrado cómo crear el *Espacio de Trabajo* (*Workspace*) para el programa que desarrollaremos, que incluirá todas las carpetas que contendrán nuestros archivos de código fuente.

- El *Control de Código Fuente* (*Source Control Management*) es algo de lo que carece el Entorno de Desarrollo Integrado Visual LISP. Esta característica depende de un programa diferente que debemos instalar. Este programa es Git, un sistema de software gratuito y de código abierto para rastrear cambios en el código fuente durante el desarrollo de software. Hemos mostrado cómo instalar Git para que se pueda activar la vista Control de código fuente y cómo crear repositorios para nuestro código.

Cómo podemos usar este entorno en el desarrollo desarrollar una aplicación real será el tema de nuestros próximos Capítulos.

Capítulo 2

Escribir nuestro Código

Una vez organizado nuestro *Espacio de Trabajo*, analizaremos los componentes de nuestro proyecto. En general, cualquier programa que desarrollemos:

- Casi siempre tendrá como objetivo la creación, modificación o verificación de elementos de dibujo, es decir, casi siempre tendrán una salida gráfica.

- Las características de lo que dibujaremos se determinarán mediante una serie de cálculos.

- Para realizar estos cálculos, debemos permitir que el usuario seleccione los parámetros (tales como tamaño, distancia, etc.) que considere apropiados.

Es decir, funciones de *entrada de datos*, funciones de *cálculo* y funciones de *salida gráfica* (es decir, dibujo) utilizando datos de los cálculos realizados. A estos tres componentes de nuestro proyecto corresponderán diferentes archivos de código fuente.

2.1 Archivos de Código Fuente.

Figura 2.1. Acceso al Editor de Visual LISP.

Procederemos a crear los nuevos archivos de código fuente organizándolos en el Espacio de Trabajo multi-raíz que hemos creado. Para hacerlo, utilizaremos el editor *VS Code*. Si el editor aún no está abierto, podemos abrirlo escribiendo

VLIDE o VLISP en la línea de comando de AutoCAD. También podemos acceder al editor de *VS Code* desde la pestaña Administrar de la cinta de opciones (*Figura 2.1*) haciendo clic en el botón Editor Visual LISP [1] del grupo Aplicaciones. Al ser un programa independiente, *VS Code* también se puede iniciar desde el Menú Inicio de Windows o la carpeta Aplicaciones de Mac OS, incluso si AutoCAD no se está ejecutando.

Una vez en *VS Code*, seleccionamos la opción de menú Archivo > Nuevo archivo (CTRL+N) para crear un nuevo archivo de código fuente, al que luego le daremos un nombre, haciendo clic en la opción de menú Archivo > Guardar como... (CTRL+MAYÚS+S). Mediante el cuadro de diálogo Guardar como, buscamos la carpeta VSCode Workspaces\NUMERA creada anteriormente para nombrar este nuevo archivo numera-calculo.

Compruebe antes de guardarlo que el cuadro de lista desplegable en la parte inferior del cuadro de diálogo diga AutoLISP (.lsp; .mnl). Si no, seleccione esta opción. El archivo se guarda con una extensión LSP. Lo mismo se hará para crear otro archivo que se guardará con el nombre de numera-entrada.lsp.

Crearemos un tercer archivo, pero en este caso la carpeta de destino será Utilidades. Este último archivo se llamará dib-texto.lsp. Este último archivo contendrá el código necesario para crear entidades de texto. Es obvio que una función utilizada para crear entidades de texto puede ser necesaria en muchos programas diferentes, por lo que debemos diseñarla como una función genérica para ser utilizada en más de un proyecto.

> *Para crear un nuevo archivo de código fuente, podemos usar la combinación de teclas CTRL+N y para guardar CTRL+S. Las opciones Nuevo archivo ... y Guardar también están disponibles en el menú Archivo.*

En nuestra carpeta VSCode Workspaces también crearemos un archivo llamado acaddoc.lsp, que es un archivo especial que AutoCAD cargará automáticamente por cada nuevo dibujo abierto. Más adelante indicaremos qué hacer con él.

En aplicaciones más complejas, puede ser necesario utilizar una mayor cantidad de archivos para organizar el trabajo. No necesitamos crearlos como lo hemos hecho ahora, desde el principio. Podemos hacerlo según lo requiera la situación, agrupando funciones interrelacionadas.

Análisis del problema.

Ahora que el esqueleto de nuestra aplicación está listo, debemos pensar cómo resolver el problema que estamos enfrentando. Nuestro amigo nos dice que

1   *Suponiendo que el valor de LISPSYS esté establecido como 1 ó 2.*

quiere seleccionar un texto que contenga un número y luego colocar entidades de texto similares en las que esa cifra se incremente en 10 cada vez. Esto nos dice que necesitamos un conjunto de funciones para:

- Seleccionar un texto en el dibujo y comprobar que sea un número.
- Si es un número, incrementar ese valor en la cantidad deseada.
- Solicitar una ubicación para el nuevo texto.
- Dibujar en esa ubicación un texto que contiene el número incrementado.

Para que sea una herramienta de uso más general, también es deseable que:

- Podamos escribir un número inicial como alternativa.
- Sea posible cambiar el valor del incremento.
- Que este valor y el último número escrito se retengan entre las sesiones de dibujo.

También podríamos almacenar información relacionada con el formato del texto. Para no complicar este tutorial, memorizaremos, por el momento, solo la altura del texto.

Un diccionario personalizado.

Para guardar datos entre sesiones de trabajo y recuperarlos cuando volvamos a abrir el dibujo, se usará un objeto *DICCIONARIO* (**DICTIONARY**). Los diccionarios son objetos que el usuario puede crear a voluntad para mantener información no gráfica en ellos. Las funciones que usaremos para manipular nuestro diccionario son extensiones ActiveX del lenguaje AutoLISP que deben cargarse antes de usarlas invocando la expresión **(vl-load-com)**.

Para crear el diccionario personalizado, que llamaremos **"VARS-NUMERA"** programaremos la función de usuario **numera-dicc**, cuyo código fuente se muestra en la *Figura 2.2*.

2.2 Escribir el código AutoLISP.

La función **numera-dicc** está estrechamente vinculada al cálculo de los nuevos valores de los números y, por lo tanto, la incluiremos en el archivo numera-calculo.lsp. Para comenzar a editar este archivo, simplemente haga clic en su nombre en la vista del Explorador. De esta forma, se abre el archivo (si no lo estuviera ya) y el foco pasa a la ventana del Editor. Utilizaremos esta función para demostrar cómo el editor de *VS Code* puede hacer que nuestra codificación sea más rápida y eficiente.

Agregar comentarios.

Agregar un *comentario* para recordarnos qué hace una función es un buen hábito. Como este comentario inicial abarcará varias líneas, utilizaremos un *comentario de bloque*. Los comentarios de bloque delimitan una región del código fuente que puede abarcar varias líneas o solo parte de una. Esta región se especifica con un delimitador de inicio (; |) y un delimitador de fin (| ;). Para insertar estos delimitadores, seleccionamos la opción Alternar bloque de comentario (Toggle Block Comment) en el menú Editar (o el atajo de teclado MAYÚS+ALT+A). Al seleccionar esta opción, se insertarán los delimitadores de apertura y cierre y se dejará el cursor entre ellos, listo para escribir.

También podemos comentar cualquier parte del *texto que ya hayamos escrito* seleccionándolo y haciendo clic en la opción Alternar bloque de comentario (o MAYÚS+ALT+A). Las líneas comentadas no se procesarán al cargar y al compilar el programa. Las líneas individuales se pueden comentar seleccionando Alternar comentario de línea (Toggle Line Comment) o CTRL+Ç que insertará el carácter ; como el delimitador de inicio. Todos los comentarios se colorean de verde.

La versión 1.5.0 de la *AutoCAD AutoLISP Extension* ha agregado la opción Generar Documentación al menú contextual del Editor, que inserta un bloque de comentario antes de una función definida por el usuario. Este comentario incluye la siguiente información para que el programador la complete:

- descripción
- etiquetas @Param para cada uno de los argumentos
- etiqueta @Return para el valor devuelto por la función.

Definir Regiones.

Con la versión 1.4.0 de la *AutoCAD AutoLISP Extension* se incorporó la posibilidad de insertar regiones definidas por el usuario. Una región se define mediante los comentarios `;#region` y `;#endregion`. Se puede dar un nombre a la región introduciéndolo entre corchetes a continuación del comentario inicial:

```
;#region [nombre-región]
  contenido de la región...
;#endregion
```

Las regiones pueden colapsarse de manera que sólo se muestre su encabezado si se desea ocultar aquellas partes del código en que no se está trabajando en un momento determinado. Esto puede hacerse utilizando los controles de *colapso* (∨) / *expansión* (>), que aparecen al pasar el cursor sobre el *medianil* (*gutter*), que es el estrecho espacio a la derecha del número de línea. Teniendo una porción de código fuente seleccionada, la opción Insertar región del menú contextual del Editor lo incluye en una región. El Editor trata a las expresiones LISP como regiones que también pueden colapsarse.

Uso de fragmentos de código (snippets).

Como la mayoría de las funciones de usuario de LISP, **numera-dicc** se define mediante la *forma especial* **defun** que se coloca como el primer término de la expresión, después del paréntesis de apertura. Si tecleamos en el Editor las letras **de**, Intellisense mostrará una lista de nombres que incluyen esas letras, entre ellos **defun**. Los elementos que se muestran incluyen nombres de funciones y *fragmentos de código* (*snippets*). Los que son fragmentos de código se identifican mediante un icono cuadrado para distinguirlos de los nombres de funciones identificados por un icono de llave inglesa. Si usamos el fragmento de código, no será necesario comenzar con un paréntesis, ya que el fragmento de código insertará los necesarios. Al seleccionar el fragmento de código **defun** se insertará el siguiente código:

```
(defun foo ()

)
```

donde **foo** es un marcador de posición para el nombre de nuestra función de usuario (que reemplazaremos con **numera-dicc**) seguido de una lista entre paréntesis de argumentos que la función debe recibir y que en este caso permanecerá vacía.

Después de cargar las extensiones de Visual LISP necesarias invocando **(vl-load-com)**, que será la primera expresión en nuestra función, debemos incluir una expresión condicional **if** que, en caso de que falte el diccionario **"VARS-NUMERA"**, lo cree con valores predeterminados que el usuario puede cambiar más tarde.

Puesto que la función **if** solo acepta *una expresión a ejecutar* en caso de que la condición se cumpla y las expresiones que crearán el diccionario son más de una, entonces debemos agrupar las tres llamadas a **vlax-ldata-put** que usaremos, dentro de una función **progn** que las evalúa secuencialmente, como si fuera solo una. La *AutoCAD AutoLISP Extension* tiene un fragmento de código llamado **ifp**, que es la abreviatura de **if ... progn**. Este fragmento contiene una instrucción **if** con una expresión **progn** anidada. Al hacer clic en **ifp** en la lista Intellisense o presionar Tab con el fragmento resaltado, se inserta el código con la estructura de paréntesis y formateo adecuados:

```
(if (testexpr)
  (progn
    (thenexpr)
  )
)
```

En este caso, **testexpr** es el marcador de posición para la expresión que verifica si el diccionario **"VARS-NUMERA"** existe o no:

```
(dictsearch (namedobjdict) "VARS-NUMERA")
```

Si el diccionario existe, esta expresión devuelve la *lista de datos de la entidad*. Pero la condición que determina si se debe crear un nuevo diccionario es la *negación* de la existencia del mismo. Por lo tanto, esta expresión debe incluirse en una expresión **not** ya que, como el diccionario se crea agregando los valores predeterminados, si ya existiera sus valores actuales se sobrescribirían.

Los datos se agregan al diccionario invocando la función **vlax-ldata-put**. Los argumentos que recibe son una cadena de caracteres que actúa como una *clave asociada* que identifica el valor, y el valor en sí mismo que en este caso será un número. Las claves que usaremos en nuestro diccionario son **"CIFRA"**, **"INCREM"**, y **"ALTURA"**. Los valores predeterminados serán **0** para **"CIFRA"** y **10** para **"INCREM"**. El valor de **"ALTURA"** de texto se extraerá utilizando la función **getvar** de la variable de sistema **TEXTSIZE**. También hay un fragmento de código para **getvar**, que podemos usar para acelerar nuestra escritura:

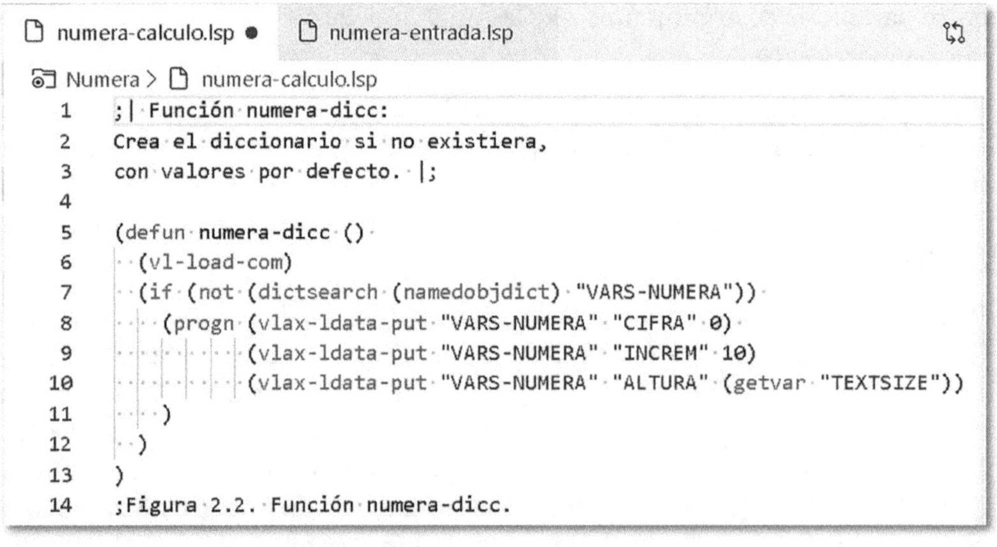

```
 numera-calculo.lsp ●      numera-entrada.lsp                                    ⇅

 Numera >  numera-calculo.lsp
 1    ;| Función numera-dicc:
 2    Crea el diccionario si no existiera,
 3    con valores por defecto. |;
 4
 5    (defun numera-dicc ()
 6      (vl-load-com)
 7      (if (not (dictsearch (namedobjdict) "VARS-NUMERA"))
 8        (progn (vlax-ldata-put "VARS-NUMERA" "CIFRA" 0)
 9               (vlax-ldata-put "VARS-NUMERA" "INCREM" 10)
10               (vlax-ldata-put "VARS-NUMERA" "ALTURA" (getvar "TEXTSIZE")))
11        )
12      )
13    )
14    ;Figura 2.2. Función numera-dicc.
```

Figura 2.2. Función NUMERA-DICC.

Para recuperar los datos almacenados en el diccionario, podemos utilizar la función **vlax-ldata-get**.

- **`(vlax-ldata-put "VARS-NUMERA" "INCREM" 10)`** asigna 10 a **`"INCREM"`**

- **`(vlax-ldata-get "VARS-NUMERA" "INCREM")`** recupera el valor asociado a **`"INCREM"`**.

A veces necesitaremos información sobre una función que planeamos usar. La implementación actual de *AutoCAD AutoLISP Extension* para *VS Code* no presenta información para las funciones, solo para los *snippets*. Para acceder a la *Guía del Desarrollador de AutoLISP* en línea se incluye un enlace en la ventana de la *Extensión* que aparece al hacer clic en el icono EXTENSIONES de la Barra de Actividades (ver *Figura 2.3*).

Figura 2.3. Enlace a la Documentación AutoLISP.

Pero desde la versión 1.4.0 se ha añadido la posibilidad de abrir directamente la documentación en línea para una función nativa AutoLISP o un componente/atributo DCL. Para ello debe seleccionarse el nombre de la función, componente o atributo y hacer clic sobre la opción Abrir Ayuda en línea del menú contextual del Editor, lo que nos llevará a la documentación de referencia asociada. Esta información está disponible sólo en inglés.

Formatear nuestro código.

La *AutoCAD AutoLISP Extension* para VS Code proporciona el formateo automático del código fuente. El editor tiene dos acciones explícitas de formateo:

- Dar formato al documento / Format Document (MAYÚS+ALT+F): formatea todo el archivo activo.

■ Dar formato a la selección / Format Selection (CTRL+K CTRL+F): formatea el texto seleccionado.

Estas acciones pueden ser invocadas desde la Paleta de Comandos (CTRL+MAYÚS+P) o desde el menú contextual (*clic derecho*) del Editor. Si utiliza la Paleta de Comandos, debemos teclear la palabra `formato` en la casilla de búsqueda de que se muestra en la parte superior de la Paleta. Esto reducirá las opciones presentadas a las que coinciden con esa cadena de caracteres (ver *Figura 2.4*).

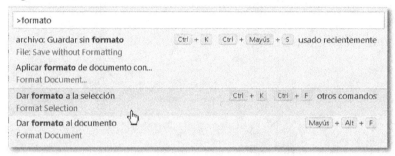

Figura 2.4. *Formateo de código utilizando la Paleta de Comandos.*

El estilo de formateo está determinado por cuatro configuraciones de la Extensión. Estos ajustes se pueden configurar a través de la opción Configuración de la extensión del menú desplegable que se muestra al hacer clic en el icono Administrar que aparece tanto en la Barra de Actividades como en el campo de la *AutoCAD Autolisp Extension* en la vista EXTENSIONES (ver *Figura 2.5*).

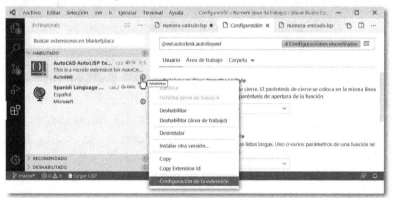

Figura 2.5. *Menú desplegable del icono Administrar de la Extensión.*

Los ajustes de configuración disponibles para el estilo de formateado se muestra en la *Tabla 2.1*. En este capítulo presentamos el código en forma de capturas de pantalla de la manera en que se muestran en el Editor cuando se utiliza el parámetro predeterminado New line with outer indentation en que el paréntesis de cierre se coloca en una nueva línea alineándose con el paréntesis de apertura de la función, con la intención de facilitar el control visual de los paréntesis a través de su alineación vertical.

Si el código que tecleamos no adopta un formato similar al que se muestra en las capturas de pantalla, indica que se ha producido un error, posiblemente colocando mal un paréntesis o teniendo uno en exceso o en defecto. La forma más fácil de verificar el paréntesis de cierre que corresponde a un paréntesis de apertura (o viceversa) es colocar el cursor junto a uno de ellos. Esto resaltará el correspondiente cierre o apertura.

Tabla 2.1. Configuraciones del estilo de formateado.

Nombre	Descripción	Valores
`CloseParenthe-sisStyle`	Estilo del cierre de paréntesis. El paréntesis de cierre se coloca en la misma línea que la función o se alinea con el paréntesis de apertura de la función (predeterminado).	- Same line. - New line with outer indentation (predeterminado).
`LongListFor-matStyle`	Estilo de formato de listas largas. Uno o varios parámetros de una función se colocan en líneas independientes..	- Single line. - Fill to margin. (predeterminado)
`MaxLineChars`	Número máximo sugerido de caracteres que se mostrarán en cada línea. El valor debe ser 60 o superior.	85 (predeterminado)
`NarrowStyleIn-dent`	Valor de sangría para el estilo de formato estrecho de los argumentos de función. El valor debe encontrarse en el intervalo entre 1 y 6.	2 (predeterminado)

Sin embargo, el uso del estilo de paréntesis de *cierre en la misma línea* (Same line) dará como resultado un código más compacto, lo que sería conveniente en programas de la vida real que pueden incluir cientos de líneas.

Indicadores del Medianil (Gutter).

Como las carpetas en las que trabajamos se inicializaron como repositorios de Git (consulte la *sección 1.9*), VS Code agregará anotaciones útiles al *medianil* (*gutter*) del Editor.

- Una *barra azul* significa que se ha cambiado la línea de código correspondiente.
- Un *triángulo rojo* significa una línea o grupo de líneas eliminadas.
- Una *barra verde* significa una línea de código que se ha agregado.

Los indicadores del medianil ayudan a identificar el código que se modificó, eliminó o insertó. Al hacer clic en ellos, un menú contextual muestra el contenido anterior y proporciona un botón para revertir rápidamente las modificaciones del bloque.

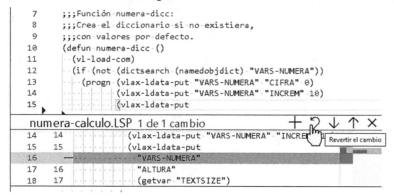

Figura 2.6. *Uso de los indicadores del medianil.*

Por ejemplo (ver *Figura 2.6*), haciendo clic en el triángulo rojo se muestra la línea de código modificada, en este caso eliminada. Si se trata de un cambio erróneo seleccionando el icono Revertir el cambio se recupera la línea borrada.

2.3 Comprobar la función creada.

LISP es un entorno de programación interactivo. Podemos verificar inmediatamente lo que queremos decir con esto. Significa que podemos proceder paso a paso comprobando nuestras funciones, sin fases intermedias de compilación. Para hacer esto dentro del editor de programación *VS Code*, debemos vincularlo a una sesión activa de AutoCAD, seleccionando para ello la opción Iniciar depuración (F5) en el menú Ejecutar.

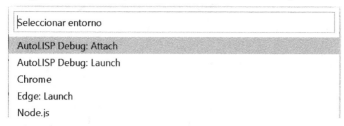

Figura 2.7. *Opciones presentadas para iniciar la depuración.*

Se nos notificará la carga exitosa del archivo [2] en el Panel CONSOLA DE DEPURACIÓN:

---

2   *Los mensajes en la Consola emplean el término formulario para designar las expresiones cargadas que no debe confundirse con el nombre usado para designar las ventanas de una interfaz gráfica. Preferimos la palabra forma que designa cualquier expresión LISP en condiciones de ser evaluada.*

```
; 1 formulario cargado de "C:/
VSCODE WORKSPACES/NUMERA/NUMERA-
CALCULO.LSP"
```

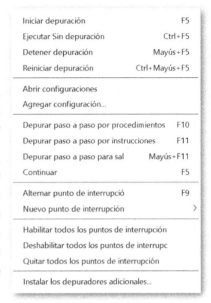

Si al cargar o evaluar una expresión recibiéramos un mensaje de error, podemos usar varias herramientas destinadas a detectar y corregir estos errores.

Nos ocuparemos de estas herramientas de depuración más adelante. Por ahora, en caso de errores, verificaremos cuidadosamente si lo que escribimos coincide con el código que se muestra, teniendo especial cuidado con la ubicación y el número de paréntesis de apertura y cierre.

Figura 2.8. Menú Ejecutar.

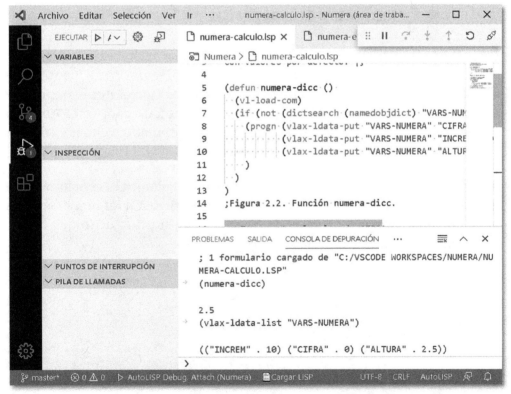

Figura 2.9. Probando la función numera-dicc.

Si no aparecen advertencias, podemos usar la CONSOLA DE DEPURACIÓN para probar la función que acabamos de cargar sin necesidad de hacerlo en la línea de comandos de AutoCAD. Las expresiones se evalúan dentro del *bucle Lectura-Evaluación-Impresión* de la CONSOLA. Esto significa que las expresiones escritas en el cuadro de texto en la parte inferior de la CONSOLA se leen al presionar INTRO y el resultado se imprime en la CONSOLA.

La expresión **(numera-dict)** que teclearemos en la CONSOLA creará el objeto diccionario con los valores predeterminados. Para comprobar los valores almacenados podemos teclear la expresión:

```
(vlax-ldata-list "VARS-NUMERA")
```

que devuelve todos los valores almacenados como una lista de asociación.

Para un valor específico, podemos usar **vlax-ldata-get**, pasando el valor de la clave asociada como argumento. Por ahora nos conformaremos con estos valores iniciales predeterminados. Más adelante crearemos la interfaz de usuario que nos permitirá cambiarlos a voluntad.

2.4 La función de cálculo.

Las funciones que se muestran en esta sección se incluirán en el archivo numera-calculo.lsp. La función **num-prox** (ver *Figura 2.11*), tiene como propósito el de incrementar la cifra para cada nuevo texto. Aquí tampoco se reciben argumentos. Se limita a sumar el valor guardado para **"CIFRA"** con el valor guardado para **"INCREM"**, y guardar ese resultado como nuevo valor de **"CIFRA"** en el diccionario **"VARS-NUMERA"**.

Al escribir esta nueva función, podemos descubrir algunos beneficios más de Intellisense, ya que podremos ver cómo no solo se sugieren los nombres de las funciones, sino también cadenas de caracteres, en función de lo que hemos escrito anteriormente (ver *Figura 2.10*).

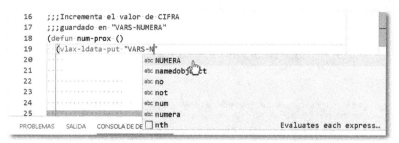

Figura 2.10. Completar palabras a través de Intellisense.

```
16    ;| Incrementa el valor de CIFRA
17    guardado en "VARS-NUMERA" |;
18    (defun num-prox ()
19      (vlax-ldata-put
20        "VARS-NUMERA"
21        "CIFRA"
22        (+ (vlax-ldata-get "VARS-NUMERA" "CIFRA")
23           (vlax-ldata-get "VARS-NUMERA" "INCREM")
24        )
25      )
26    )
27    ; Figura 2.8. Función num-prox.
```

Figura 2.11. Función NUM-PROX.

PROBLEMAS   SALIDA   CONSOLA DE DEPURACIÓN   TERMINAL

```
(vlax-ldata-list "VARS-NUMERA")

(("INCREM" . 10) ("CIFRA" . 0) ("ALTURA" . 2.5))
(num-prox)

10
(num-prox)

20
(num-prox)

30
>
```

Figura 2.12. Evaluación de funciones en la consola.

Esta función se guardará en el archivo numera-calculo.lsp, junto a la antes descrita **numera-dicc** (ver *Figura 2.2*). Cada vez que se ejecute **num-prox** el valor se incrementará. Lo comprobaremos cargando de nuevo el archivo y ejecutando **(num-prox)** desde la Consola (ver *Figura 2.12*). De esta manera podemos comprobar que cada vez que se evalúa la expresión **(num-prox)** obtenemos un número incrementado en **10**. Ese número será el que utilizaremos para numerar consecutivamente nuestras parcelas.

2.5 La función de dibujo.

Ahora consideraremos la función que dibuja el texto (ver *Figura 2.13*), que debemos incluir en el archivo dib-texto.lsp. Existen tres vías para crear nuevas entidades en el dibujo. La más antigua es mediante la función **command**. Esta función permite al programador controlar el sistema de comandos siguiendo la misma secuencia de entradas por teclado que introduciría el usuario al dibujar. Otra opción que ofrece ventajas evidentes en velocidad de ejecución y fiabilidad, es la de incorporar directamente a la base de datos del dibujo las entidades deseadas mediante la función **entmake** pasándole una lista de asociación con los parámetros asociados a los correspondientes identificadores según el sistema de códigos DXF. Una tercera opción aún más eficaz, disponible sólo en la plataforma Windows a partir de la incorporación de Visual LISP, es la de crear los objetos gráficos empleando los métodos de la *interfaz ActiveX*.

En este tutorial emplearemos la función **command**, siempre teniendo en cuenta que el concebir la función de dibujo como una utilidad independiente permitirá sustituirla por otra de tecnología más avanzada en cualquier momento. Para ello bastará cambiar el archivo de código fuente referenciado en el *Espacio de Trabajo* (*Workspace*). Sólo será necesario que la otra función reciba iguales argumentos.

El dibujo del número en sí lo hace la expresión **(command "._text"**... Las expresiones que aparecen antes y después tienen como objetivo anular cualquier modo permanente de referencia a objeto que pudiera estar activo en el momento de ejecutar la función (lo que pudiera provocar una ubicación errónea del texto). El valor anterior, asignado a la variable OSMODE, se lee mediante la función **getvar** y se asigna a la variable local **ant-osm**, para poder restablecer dicho valor (con la función **setvar**) una vez colocado el texto.

El que esta variable tenga un alcance exclusivamente local se logra mediante la forma que se da a la *lista de parámetros* de la función. Esta lista está dividida en dos partes mediante una barra inclinada. El nombre **ant-osm** que aparece a la derecha de esa barra es el de una variable que se usa para memorizar el modo de referencia a objetos existente al llamarse a esta función. La referencia a objetos se desactiva asignándole el valor **0** y el valor asignado a **ant-osm** se emplea para restaurar la situación anterior una vez que se haya completado el dibujo de texto.

Una vez que se haya restablecido el modo de referencia a objeto anterior dicho valor no es ya necesario, y el incluirlo en la parte derecha de la lista de parámetros hace que deje de existir en cuanto termine de ejecutarse esta función. El que dicha variable tenga un *alcance exclusivamente local*, significa que no interfiere con otras posibles variables del mismo nombre que utilicen otros programas.

```
⚙ Utilidades > 🗋 dib-texto.lsp
1    ;Función genérica para dibujar textos
2 ∨ (defun dib-texto (pt-ins altura numeracion / ant-osm)
3    (setq ant-osm (getvar "OSMODE"))
4    (setvar "OSMODE" 0)
5    (princ)
6    (command "_TEXT" pt-ins altura "" numeracion)
7    (setvar "OSMODE" ant-osm)
8  )
9  ;Figura 2.10. Función para dibujo del texto.
10
```

Figura 2.13. Función que dibuja el texto.

El programador debe conocer a fondo la secuencia de opciones que corresponden al comando que desea ejecutar. Hay que tener en cuenta que algunos comandos usan una versión diferente cuando se invocan de manera interactiva desde la línea de comandos de la que se ejecuta como parte de un programa AutoLISP. Para comprobar el comportamiento del comando y sus opciones debe invocarse desde una expresión como **(command "TEXTO")**.

En lo que se refiere a la escritura del texto, debemos tener en cuenta que AutoCAD tiene dos comandos diferentes para ello, cuyos nombres en la versión en español son: TEXTO y TEXTOM. Ambos pueden ser utilizados desde Visual LISP. La diferencia reside en que TEXTOM es capaz de escribir textos en varias líneas mientras que TEXTO sólo es capaz de hacerlo en una sola línea. Toda vez que en nuestro caso basta una sola línea utilizaremos TEXTO.

Un factor a tener en cuenta es el que nuestro programa pueda ser utilizado con cualquier versión de AutoCAD sin que el idioma sea un obstáculo. Para ello la norma que seguiremos en este libro será la de emplear el nombre en inglés *precedido de un carácter subrayado*, que lo hace válido para cualquier versión. Si estamos empleando una versión no inglesa, podemos saber este nombre universal mediante la función **getcname**. Así **(getcname "texto")** nos devolverá **"_TEXT"** que es el nombre que pasaremos a la función **command**.

La función **getcname** funciona para los nombres de los comandos, pero no para los nombres de sus parámetros. Para los parámetros, podríamos consultar la documentación en línea en inglés en **https://knowledge.autodesk.com/support/autocad** donde podemos seleccionar la versión y buscar el comando.

El comando TEXTO tiene comportamientos diferentes según se ejecute desde la línea de comandos o desde un programa. La diferencia radica en que ejecutada desde la línea de comandos, una vez terminada una línea de texto, continúa solicitando el texto para nuevas líneas, mientras que desde un programa no lo hace, sino que termina una vez que se le ha pasado el texto a dibujar. Salvo ese detalle, el comportamiento de la orden es semejante desde la línea de comandos como desde el programa. También debemos tener en cuenta que los *ajustes de estilo de texto* también afectarán los argumentos requeridos por el comando TEXTO. Si el estilo de texto incluye una altura de texto fijo la altura no se solicita.

```
Comando: (command "_TEXT")
_TEXT
Estilo de texto actual: "Standard" Altura de texto:
2.5000 Anotativo: No Justificar: Izquierda
Precise punto inicial de texto o [jUstificar/Estilo]:
nil
Precise punto inicial de texto o [jUstificar/Estilo]:
100,100
Precise altura <2.5000>: 5
Precise ángulo de rotación de texto <0>: 0
```

Como antes, no debemos seguir adelante sin cargar y probar la nueva función. Para ello ejecutaremos en la Consola, después de cargar de nuevo el proyecto, la expresión:

(dib-texto (getpoint "Punto de inserción: ") 5.0 "PRUEBA")

Al presionar INTRO se activará la ventana gráfica de AutoCAD solicitándonos señalar un punto. A partir de ese punto se dibujará en pantalla el rótulo **PRUEBA** con una altura de 5 unidades. Un número que aparecerá en la Consola (ver *Figura 2.14*) corresponde al valor de **OSMODE** restaurado después de dibujar el texto.

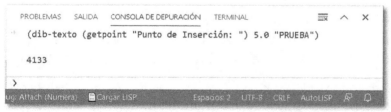

Figura 2.14. Probando DIB-TEXTO en la Consola de Depuración.

2.6 Programar la interfaz de usuario.

Como vemos, el código del programa hasta ahora se limita a poco más de una veintena de líneas. La comunicación con el usuario puede requerir una cantidad más o menos grande de código adicional según el tipo de presentación a que aspiramos. Las opciones posibles con Visual LISP son:

- La línea de comandos.
- Los cuadros de diálogo programados en lenguaje DCL.
- Las ventanas de diálogo programadas en .NET y compiladas como DLL.
- Las ventanas diálogo generadas mediante un plug-in como OpenDCL.

Por ahora nos limitamos a la más sencilla, utilizando la línea de comandos de AutoCAD. Aún con la línea de comandos pueden darse mecanismos de interacción bastante complejos.

Con el ánimo de simplificar este programa lo más posible, optamos por crear dos funciones de entrada diferentes. La primera (ver *Figura 2.15*), a la que hemos llamado **C:NUMERA** inicia un ciclo en el que solicita repetidamente la posición del próximo número hasta que el usuario termina pulsando INTRO , la barra espaciadora, el botón derecho del ratón o ESC. La segunda, de nombre **C:NUM-OPCIONES**, que se utiliza para cambiar los valores de los parámetros guardados en el diccionario será descrita en el epígrafe *2.8*.

El código que se muestra en la *Figura 2.15* funciona de la siguiente manera: después de cargar el programa, escribimos NUMERA en la línea de comando. Inmediatamente aparecerá un mensaje solicitando el punto de la pantalla donde desea que aparezca el número. Este mensaje incluye el número que se insertará como etiqueta. Después de seleccionar una posición y colocar la etiqueta, la cifra aumentará y se seguirán solicitando nuevas ubicaciones hasta que el usuario elija terminar.

Lo primero que deseamos resaltar en el código de esta función es el uso, al igual que en la función **dib-texto**, de una variable de carácter local. El nombre **pto-ins** que aparece en la parte derecha de la lista de parámetros es el de una variable que se usará para memorizar las coordenadas del punto que selecciona el usuario. Ese valor no es necesario al terminar la ejecución del programa y deja de existir en cuanto termina de ejecutarse la función.

La llamada a **numera-dicc** asegura que el diccionario exista antes de que se intente extraer los valores guardados en él. La solicitud de un punto para la inserción del texto se realiza mediante la función **getpoint**. Esta función estará acompañada del mensaje **Posición para el Núm. #:** impreso en la línea de comandos, donde # sería el valor del número que correspondería insertar.

```lisp
Numera >  numera-entrada.lsp
1   ;| Define un nuevo comando de AutoCAD que dibuja
2   números incrementados por un valor fijo |;
3   (defun C:NUMERA (/ pto-ins)
4     (numera-dicc)
5     (setq pto-ins (getpoint
6                    (strcat "\nPosición para el Núm. "
7                       (itoa (vlax-ldata-get "VARS-NUMERA" "CIFRA"))
8                       ": "
9                    )
10                 )
11    )
12    (while pto-ins
13      (dib-texto
14        pto-ins
15        (vlax-ldata-get "VARS-NUMERA" "ALTURA")
16        (itoa (vlax-ldata-get "VARS-NUMERA" "CIFRA"))
17      )
18      (num-prox)
19      (setq pto-ins (getpoint
20                     (strcat "\nPosición para el Núm. "
21                        (itoa (vlax-ldata-get "VARS-NUMERA" "CIFRA"))
22                        ": "
23                     )
24                  )
25      )
26    )
27    (princ)
28 )
29 ; Figura 2.11. Función C:NUMERA.
```

Figura 2.15. Función C:NUMERA.

La preparación de este mensaje implica leer el valor del número actual que se guarda en el diccionario en *formato de número entero* por lo que será necesario convertirlo mediante la función **itoa** en un dato de tipo *cadena de caracteres* para poder unirlo mediante **strcat** al resto del mensaje. La función **setq** asigna a la variable **pto-ins** el valor del punto seleccionado en pantalla por el usuario (o en su caso tecleado en la línea de comando con el formato X, Y ó X, Y, Z). La repetición se asegura mediante un ciclo **while** cuya condición es que la variable **pto-ins** tenga un valor distinto de **nil**. Dentro del bucle se procede de la siguiente manera:

▪ Se dibuja el rótulo con una llamada a **dib-texto**, pasándole como argumentos el punto de inserción, la cifra (como cadena de caracteres) y la altura.

▪ Se incrementa el número guardado en el diccionario llamando a (**num-prox**).

■ Se vuelve a pedir un punto. Si este punto tiene valor distinto de nil, el ciclo se repite.

2.7 Probando el programa.

De momento, ya tenemos el código para una verdadera aplicación AutoLISP. Debemos probarlo para ver si no se cometieron errores al ingresar nuestro código. Como lo hicimos antes, usaremos la opción de menú Ejecutar > Iniciar depuración (o F5).

Para ejecutar este programa desde la línea de comandos de AutoCAD, simplemente escribiríamos **NUMERA**, ya que como se ha definido con el prefijo **C:** funcionará como un comando estándar de AutoCAD. Pero también podemos ejecutarlo directamente en la Consola de Depuración de VS Code escribiendo el nombre de la función, incluido el prefijo **C:** rodeado de paréntesis: **(C:NUMERA)**.

Pero Iniciar depuración (F5) *solo cargará el archivo LSP actual* y en este caso, el código de nuestra aplicación se distribuye entre tres archivos diferentes. Si alguno de los otros archivos no se ha cargado previamente, intentar ejecutar **NUMERA** generará una excepción y el mensaje:

`; error: no function definition: NUMERA-DICC`

aparecerá en la Consola de Depuración. La posición donde se llama a la función se señalará tal como se muestra en la *Figura 2.16*.

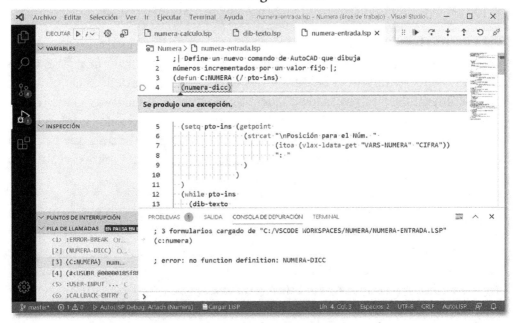

Figura 2.16. Notificación de error al intentar ejecutar el programa sin cargar todos los archivos.

Podemos cargar los otros dos archivos seleccionándolos en la Vista del Explorador y haciendo clic en el botón Cargar LISP que se muestra en la Barra de Estado. Una vez que todos estén cargados, podemos invocar **(C:NUMERA)** desde la Consola de Depuración o escribiendo **NUMERA** en la línea de comando de AutoCAD. Si no se han cometido errores en nuestro código, podemos comenzar a numerar con los valores predeterminados de **VARS-NUMERA**.

2.8 Actualización del diccionario.

En caso de que los valores predeterminados no sean los que necesitamos, se requiere una forma de actualizar el diccionario con nuevos valores. La función **C:NUM-OPCIONES** ha sido diseñada (Ver *Figura 2.17*) para modificar los valores guardados en el diccionario, solicitando al usuario la nueva altura del texto, incremento y el valor inicial del número.

En el caso de la altura del texto, donde sí es aconsejable permitir la introducción de números reales (es decir, con decimales) emplearemos la función **getdist** que hace posible dar el valor tecleándolo o seleccionando dos puntos en pantalla cuya separación sea igual a la altura que deseamos para los nuevos rótulos. Para definir un nuevo incremento se invoca la función **getint**, teniendo en cuenta que en este caso no deseamos utilizar decimales. Tanto para el valor de incremento como para la altura del texto, presionando INTRO se pasa a la siguiente opción sin cambiar el valor almacenado.

Para la cifra inicial, se ofrecen dos posibilidades: escribir el valor o seleccionar un rótulo existente. Este es un ejemplo del uso de *palabras clave* y se logra llamando sucesivamente a las funciones **initget** (para definir las palabras clave compatibles) y **getkword** que solo acepta esas palabras clave (o sus iniciales en mayúscula) o INTRO. La opción entre escribir el valor o seleccionar una entidad de **TEXTO** se gestiona mediante la condicional **cond** que primero comprueba si la palabra clave seleccionada fue **"Teclear"**, para en este caso solicitar el valor con la función **getint**.

Si el usuario opta por seleccionar un rótulo **C:NUM-OPCIONES** utiliza la función auxiliar **num-lee** (ver *Figura 2.18*) que devuelve, a partir de cualquier entidad de texto seleccionada, su valor como cadena de caracteres. Al igual que con todas las funciones de entrada, se debe tener en cuenta los posibles errores del usuario. Por lo tanto, **num-lee** verificará si se ha seleccionado un texto.

```
31   ; Función que modifica los valores en el Diccionario
32   (defun C:NUM-OPCIONES (/ opcion)
33     (numera-dicc)
34     (if
35       (setq opcion (getdist
36                     (strcat "\nNueva altura de texto <"
37                             (rtos (vlax-ldata-get "VARS-NUMERA" "ALTURA"))
38                             ">: "
39                     )
40                   )
41       )
42       (vlax-ldata-put "VARS-NUMERA" "ALTURA" opcion)
43     )
44     (if
45       (setq opcion (getint
46                     (strcat "\nNuevo incremento<"
47                             (itoa (vlax-ldata-get "VARS-NUMERA" "INCREM"))
48                             ">: "
49                     )
50                   )
51       )
52       (vlax-ldata-put "VARS-NUMERA" "INCREM" opcion)
53     )
54     (initget "Seleccionar Teclear")
55     (setq opcion (getkword "\n¿Teclear o <Seleccionar> el número inicial?: "))
56     (cond
57       ((= opcion "Teclear")
58        (initget 1)
59        (vlax-ldata-put "VARS-NUMERA" "CIFRA" (getint "\nComenzar con: "))
60       )
61       (t
62        (setq opcion (car (entsel "\nNumerar a continuación de: ")))
63        (if opcion (num-lee opcion))
64       )
65     )
66     (princ)
67   )
68   ; Figura 2.12. Función C:NUM-OPCIONES.
```

Figura 2.17.   Función C:NUM-OPCIONES.

Esto se hará usando funciones del nuevo *Sistema de Propiedades no-Com*, en este caso obteniendo su propiedad **LocalizedName**, que debe devolver una cadena de caracteres con el valor **"Texto"** [3]. Esto se verifica llamando a la expresión:

(= (getpropertyvalue nom-ent "LocalizedName") "Texto")

que devolverá **nil** si la entidad seleccionada no es un texto. En este caso, el programa informa el error solicitando nuevamente una selección. Si la entidad

---

3   *El valor de LocalizedName depende de la versión localizada, en este caso el valor utilizado corresponde a la versión en español. En el caso de la versión en inglés, por ejemplo, ese valor sería "Text".*

seleccionada es un texto, recuperaremos su contenido utilizando la función **getpropertyvalue**.

Otro posible error sería que el texto seleccionado no representara un número, lo cual se verifica con la siguiente expresión, que devuelve **nil** si los valores no son numéricos:

```
(distof (getpropertyvalue nom-ent "TextString"))
```

Una tercera condición anormal sería que el usuario presione INTRO. Este último no sería un error, sino la señal para pasar a la siguiente opción. Esta función incorpora su propio mecanismo para detectar errores, de manera que podemos estar seguros de que no se admitirá un valor incorrecto.

Si en lugar de seleccionar el texto se opta por **"Teclear"** o por presionar INTRO conducen al mismo resultado. Por ello, de no ejecutarse el primer bloque de la condicional, siempre se ejecutará el siguiente, lo que se asegura incluyendo la constante **t** que representa la condición de *cierto* (en contraposición a **nil** que representa *falso*).

```
     Numera >  numera-entrada.lsp
70    ;| Función que lee los datos del texto
71    Recibe: nombre de la entidad del texto seleccionado
72    Actualiza el valor de CIFRA en el Diccionario |;
73    (defun num-lee (nom-ent)
74      (while (not (= (getpropertyvalue nom-ent "LocalizedName") "Texto"))
75        (setq nom-ent (car
76                        (entsel "\nEsto NO es un texto, seleccione de nuevo: ")
77                      )
78        )
79      )
80      (if (setq val (distof (getpropertyvalue nom-ent "TextString")))
81        (vlax-ldata-put
82          "VARS-NUMERA"
83          "CIFRA"
84          (+ (fix val)
85             (vlax-ldata-get "VARS-NUMERA" "INCREM")
86          )
87        )
88        (prompt "\n¡El texto seleccionado no es un número!")
89      )
90    )
91    ;Figura 2.13 Función NUM-LEE.
```

Figura 2.18. Función NUM-LEE.

Con los listados de código de *Figura 2.15*, *Figura 2.17*, y *Figura 2.18* incluidos en el archivo numera-entrada.lsp, tendremos terminadas las fuentes de nuestra pequeña aplicación. Como hicimos antes, cargaremos el proyecto para probarlo. Después de cargar el proyecto, podemos cambiar a AutoCAD y teclear **NUMERA** para ejecutar la numeración y **NUM-OPCIONES** para cambiar los parámetros.

Después de colocar algunas etiquetas de texto, podemos guardar el dibujo para verificar cómo, al volver a abrirlo, se han guardado los parámetros. Si no se producen errores, es hora de compilar nuestro programa.

2.9 En caso de error...

Si bien la depuración se deja para un capítulo posterior, será inevitable que algún error se haya deslizado al teclear los listados del programa. Básicamente se darán dos tipos de errores. Aquellos que el compilador detecta al momento de cargar el proyecto y que casi siempre se deben a errores en la ubicación y número de paréntesis, y los que se detectan en el momento que se intenta ejecutar el programa.

La *Figura 2.19* muestra cómo VS Code nos advierte de un error detectado en el archivo que se cargó al iniciar el proceso de depuración. Podemos ver un mensaje "EN PAUSA EN EXCEPTION" en la sección Pila de Llamadas de la vista Ejecutar, y el mensaje ; **error: lista con formato incorrecto en la entrada** en la Consola. El código de la función afectada se resaltará con subrayados rojos ondulados. Al pasar el cursor sobre estos subrayados, se mostrará un mensaje que indica la naturaleza del error, en este caso, lista mal formada en la entrada. Este mensaje indica que "No hay correcciones rápidas disponibles" e incluye un enlace a Ver problema (ALT+F8). Al hacer clic en este enlace, mostrará una banderola indicando la ubicación del error.

Figura 2.19. Paréntesis faltante detectado al cargar la función.

El mensaje lista con formato incorrecto en la entrada generalmente significa que faltan uno o más *paréntesis de cierre* (paréntesis derecho). Si, en cambio, tuviéramos un paréntesis de cierre en exceso, recibiríamos el mensaje `;` `error:` `paréntesis adicional derecho en entrada` con el paréntesis adicional también subrayado en una línea roja ondulada (ver *Figura 2.20*).

En caso de que sea difícil encontrar la posición del error, tenemos una ayuda en la forma en que el Editor establece automáticamente la sangría de las nuevas líneas al formatear el documento o el código seleccionado. Si el formato resultante no es el mismo que el de los listados de código que se muestran en el libro, podemos sospechar que tenemos un error en algunos de nuestros paréntesis.

Otro tipo de error puede ocurrir al intentar ejecutar el programa. Para mostrar cómo funciona esto, hemos comentado una línea en la función de dibujar texto, a la que ahora le faltará uno de los argumentos requeridos (ver *Figura 2.21*). Al tratar de ejecutar nuestro programa **NUMERA**, el mismo solicitará la selección en pantalla del punto de inserción del texto, pero la función de dibujar el texto provocará una excepción que detendrá el programa. La naturaleza del error se mostrará en la Consola de Depuración, siendo el mensaje en este caso `;` `error: argumentos insuficientes`.

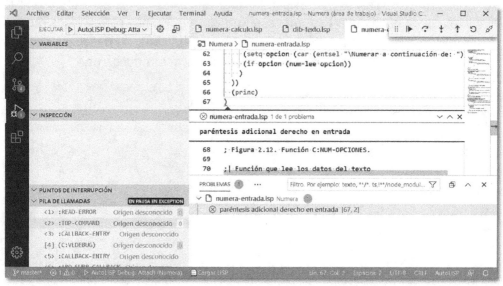

Figura 2.20. Paréntesis extra derecho detectado al cargar la función.

En situaciones como esta, tenemos un mecanismo altamente efectivo para identificar dónde se encuentra el error. Es la Pila de Llamadas (Call Stack) que forma parte de la vista Ejecutar. La Pila de Llamadas muestra la secuencia, ordenada de abajo hacia arriba, de las funciones llamadas. El que causó el error estará en la segunda fila, justo debajo de la palabra clave :ERROR-BREAK. Esta línea mostrará la llamada a la función en la que ocurrió el error con el valor de los argumentos que recibió. Al hacer clic en la siguiente línea de la Pila de Llamadas, se resaltará el código que provocó la excepción.

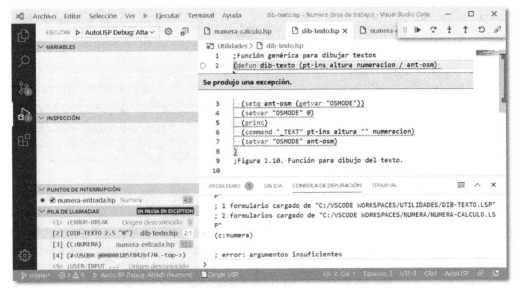

Figura 2.21. Error detectado al ejecutar el programa.

Ir a la definición de una función o variable.

En una aplicación como la que hemos desarrollado, que incluye una serie de funciones de usuario, es frecuente el tener que revisar la definición de alguna de ellas. Y como nuestro código está distribuido entre distintos archivos puede ser complicado el encontrar el lugar donde se encuentra el código fuente en que alguna de ellas se define.

Para facilitar esta labor, en la versión 1.4.0 de la Extensión se agregó al menú contextual del Editor la opción Ir a la definición (F12). Para ir a la definición de cualquier función o variable definida por el usuario se selecciona su nombre presionando F12 o se hace clic en dicha opción del menú contextual. Esto abrirá el archivo que contiene el código. Si no se desea abrir una nueva ventana del Editor se puede usar la opción Ver > Ver la definición sin salir (ALT+F12) que superpone una ventana mostrando el código de la definición sobre el Editor actual..

2.10 Confirmar los Cambios a nuestros Repositorios.

Como se indicó en el *Capítulo 1*, deberíamos haber creado dos repositorios, uno para la carpeta Numera y el otro para la carpeta Utilidades. La vista Control de código fuente incluirá una sección superior llamada PROVEEDORES DE CONTROL DE CÓDIGO FUENTE que incluirá dos elementos: Numera Git y Utilidades Git. Al seleccionar uno de estos elementos, se presentará la situación de los archivos incluidos en esa carpeta.

Mientras trabajamos en nuestro código fuente, es posible que hayamos notado que el icono de Control de código fuente en la Barra de Actividades muestra un número. Este número indica cuántos cambios tiene usted actualmente en su repositorio. La vista Control de código fuente mostrará los detalles de los cambios actuales en el repositorio.

Una vez guardados en una carpeta, los archivos recién creados mostrarán la letra U, lo que significa que está *sin seguimiento* (Untracked). Un archivo sin seguimiento es uno que aún no está incluido en el repositorio. El siguiente paso sería Almacenar los cambios provisionalmente (Stage changes). Almacenar cambios provisionalmente es el paso previo al proceso de Confirmar (Commit) en Git. Es decir, una *Confirmación* en Git se realiza en dos pasos: *Almacenamiento previo* y la *Confirmación efectiva*.

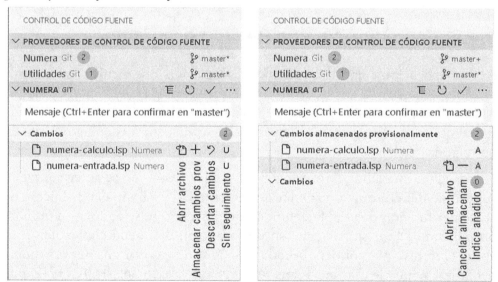

Figura 2.22. *Control de Código: Izquierda, Sin seguimiento. Derecha, Añadido.*

Cuando seleccionamos el icono Almacenar cambios provisionalmente (ver *Figura 2.22*) aparecerá una nueva sección Cambios almacenados provisionalmente

(STAGED CHANGES) en la vista Control de código fuente, en la que se incluirá el archivo recientemente Almacenado mostrando la letra A representando el atributo Índice Añadido (Added).

Una vez que los cambios están almacenados provisionalmente, es hora de agregarlos a nuestro repositorio local. Es conveniente agregar algún texto en la casilla Mensaje que identifique los cambios que se están guardando en este momento. Para agregar el archivo al repositorio se puede teclear CTRL+INTRO tal como se indica en la casilla Mensaje o hacer clic en el icono de *marca de verificación* que representa el comando Confirmar.

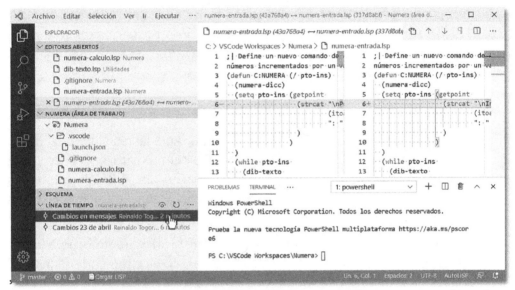

Figura 2.23. Comparación de versiones confirmadas.

El repositorio guarda las distintas versiones que se van agregando con el tiempo. Las distintas versiones, identificadas por el mensaje escrito al Confirmar se muestran en la sección LÍNEA DE TIEMPO de la vista Explorador. Al seleccionar alguna de estas versiones se duplicará la ventana del Editor (ver *Figura 2.23*) mostrándose la versión seleccionada a la derecha y la anterior a la izquierda, con los cambios resaltados.

Repositorios remotos en GitHub.

Además de la posibilidad de trabajar con un repositorio local, es posible crear un *repositorio remoto* en línea usando *GitHub*. GitHub es una plataforma de alojamiento de código para el control de versiones y la colaboración. Una cuenta gratuita de GitHub permite la creación de repositorios privados ilimitados con un número ilimitado de colaboradores. Se puede crear en **https://**

github.com/join. Aquí será necesario inscribirse con su nombre de usuario, verificar una dirección de correo electrónico y crear una contraseña. Estos repositorios en línea se pueden compartir con otros desarrolladores que trabajan en un mismo proyecto. La información sobre cómo gestionar este sitio web está fuera del alcance de este libro, pero en GitHub se ofrece información muy detallada sobre creación de los repositorios y su gestión.

Una vez creados los repositorios remotos, uno para Numera y el otro para Utilidades, se pueden conectar con el menú Más Acciones... de la vista CONTROL DE CÓDIGO FUENTE o usando el panel TERMINAL. En caso que usemos el panel TERMINAL debemos asegurarnos de que esté seleccionada la carpeta correcta y abrir una nueva Terminal usando la opción de menú Terminal > Nueva Terminal (CTRL+MAYÚS+Ñ). Suponiendo que hemos creado un usuario con el nombre **rtog** y un repositorio remoto con el nombre **Numera.git**, el comando para escribir en el panel Terminal sería:

```
git remote add origin https://github.com/rtog/Numera.git
```

Puede ser más fácil seleccionar la opción Remoto > Agregar remoto... en el menú Más acciones... de la vista. Esto le pedirá la URL del repositorio o seleccionar uno. Como nuestros repositorios se han creado en GitHub, podemos seleccionar el botón Agregar remoto desde GitHub, que entonces pedirá el nombre del repositorio.

Para copiar el contenido de nuestro repositorio local al remoto podríamos seleccionar la opción Push del menú Más Acciones... o ejecutar en la Terminal el comando:

```
git push -u origin master
```

Clonación de un repositorio.

Tener repositorios remotos hace posible restaurarlos en una computadora nueva sin tener copias de los archivos originales. Esta operación se llama *clonación de repositorios*. Podemos clonar un repositorio de Git usando el comando Git: Clone que podemos encontrar en la Paleta de Comandos (CTRL+MAYÚS+P). o la opción Clone del menú More Actions...

Este comando abrirá un cuadro de texto donde se debe ingresar la URL del repositorio remoto. Después de confirmar la URL del repositorio presionando INTRO se abrirá un cuadro de diálogo de Búsqueda de Carpeta, solicitando la carpeta principal dentro de la cual se colocará.

Acciones Git en la Barra de Estado.

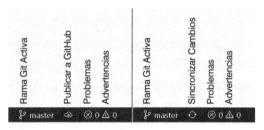

Figura 2.24. Indicadores de la Barra de Estado

A la izquierda de la Barra de Estado tenemos el indicador de *Rama Activa* que también muestra su nombre, que es master de manera predeterminada. Hacer clic en él permitirá crear una nueva Rama o seleccionar una existente para abrir. El siguiente indicador de la Barra de Estado -Publicar en GitHub- se puede utilizar para crear un repositorio remoto si tenemos una cuenta de GitHub. Puede elegir el crearlo como público o privado. Cuando se crea esta Rama ascendente, el indicador cambiará a Sincronizar cambios (ver *Figura 2.24*, derecha), acción que sincronizará el repositorio con la rama remota. Sincronizar cambios baja y fusiona los cambios remotos a su repositorio local (*Pull*) y luego enviará (*Push*) las confirmaciones (*commits*) locales a la rama ascendente.

2.11 Empaquetándolo todo.

Para probar este programa tuvimos que cargar tres archivos LSP, uno tras otro. Además de la dificultad de tener que cargar tres archivos diferentes contenidos en dos carpetas distintas cada vez que necesitamos usar este programa, esto sería muy inconveniente si este programa se va a compartir con otros. Pero afortunadamente, AutoCAD ofrece la posibilidad de empaquetarlo para su distribución como *un único archivo compilado*, agregando velocidad y confiabilidad a nuestro programa. Digo AutoCAD, ya que esta *no es una característica del editor VS Code* [4]. El código fuente puede *compilarse* como un único archivo FAS para resolver este problema y aumentar la eficiencia [5].

La compilación combinará los tres archivos de código fuente en un solo archivo de programa. Además, nuestro código *se cifrará* para que los usuarios no puedan conocer los medios que utilizamos para lograr nuestros objetivos. Esto es esencial si deseamos vender nuestro trabajo, o simplemente para evitar cualquier modificación del código por parte de personas inexpertas que pueda afectar negativamente su rendimiento. Además, cargar y ejecutar el programa seguramente ganará velocidad.

4   Esta característica sí se incluye en el entorno de desarrollo Visual LISP clásico.
5   Si se van a incluir otros archivos de recursos (definiciones de diálogo o archivos de texto), se pueden empaquetar como un solo archivo VLX (Visual Lisp eXecutable).

Antes de compilar, debe considerar si su programa se utilizará en AutoCAD 2020 y versiones anteriores. Si es así, tendrá que establecer la variable de sistema **LISPSYS** con el valor de **2**, con lo que el programa se compilará utilizando el juego de caracteres ASCII (MBCS) en lugar Unicode.

Las funciones VLISP-COMPILE.

En caso de que necesitemos compilar *un solo archivo*, podemos usar la función **vlisp-compile** de AutoLISP. Esta función generará un archivo compilado FAS.

```
(vlisp-compile 'modo "archivo-fuente" "archivo-salida")
```

Se puede ejecutar desde la consola VS Code (en modo de Depuración, ver *Figura 2.25*) o desde la línea de comandos de AutoCAD. Los argumentos que requiere son:

- **'modo** (observe la comilla sencilla) que representa el tipo de compilación deseada:
  - **'st** modo estándar.
  - **'lsm** optimizar y vincular indirectamente.
  - **'lsa** optimizar y vincular directamente.
- **"archivo-fuente"** el nombre del archivo de código fuente LISP como una cadena, si no se especifica la extensión, se supone LSP.
- **"archivo-salida"** el nombre del archivo de salida compilado. Este argumento es opcional, si no se especifica, el nombre del archivo de salida será el mismo que el del archivo de código fuente con la extensión FAS y se ubicará en la misma carpeta.

```
PROBLEMAS    SALIDA    CONSOLA DE DEPURACIÓN    TERMINAL            ☰  ∧  ✕

→ (vlisp-compile 'st "C:\\VSCode Workspaces-es\\Numera\\numera-calculo.lsp")

  ; (COMPILAR ARCHIVOS st (C:/VSCode Workspaces-es/Numera/numera-calculo.lsp))
  [Analizando archivo "C:/VSCode Workspaces-es/Numera/numera-calculo.lsp"]
  ..
  [COMPILANDO C:/VSCode Workspaces-es/Numera/numera-calculo.lsp]
  ;;NUMERA-DICC
  ;;NUM-PROX
  [VACIADO RÁPIDO de formato de objeto ->"C:/VSCode Workspaces-es/Numera/numer
  a-calculo.fas"]
  ; Compilación completa.
  T

> (vlisp-compile 'st "C:\\VSCode Workspaces-es\\Numera\\numera-calculo.lsp")
```

Figura 2.25. Compilar un solo archivo en la Consola.

Modos de Optimización.

Los resultados del proceso de compilación son al menos dos. Primero, evita la traducción al lenguaje de máquina virtual LISP que tiene lugar cada vez que se carga el código fuente de AutoLISP. El archivo FAS resultante de la compilación contiene instrucciones directamente comprensibles por el sistema, sin necesidad de una interpretación adicional del código. Además de ahorrar tiempo (de ahí la extensión FAS, derivada de *FASt loading*), el código obtenido es entendido por la máquina pero no por los curiosos. Esto se lograría con el modo *Estándar*.

Los otros modos de optimización hacen que los programas sean aún más eficientes, marcando una diferencia a medida que crecen en tamaño y complejidad. Ellos permiten:

- Vincular llamadas a funciones para que se creen referencias directas a la función compilada, en lugar de invocar el símbolo que representa la función, lo que mejora el rendimiento y evita que una redefinición del símbolo pueda afectar el comportamiento del programa.

- Desechar los nombres de las funciones para hacer que el código compilado sea más seguro, al tiempo que reduce el tamaño del programa y el tiempo de carga.

- Descartar los nombres de variables locales vinculando directamente sus referencias, ganando aún más velocidad y logrando una mayor reducción de tamaño.

No todo se puede aplicar en todos los casos. Algún grado de optimización puede causar errores.

Compilar más de un archivo LSP en un solo archivo FAS.

Pero en casos como la aplicación NUMERA, sería necesario compilar varios archivos de código fuente LSP en un solo FAS. Esto se puede hacer usando la función **vlisp-compile-list**. Como esta función no está documentada, no podemos encontrarla en la *AutoLISP Developer's Documentation*. Pero afortunadamente fue descrita por mi amigo *Luis Esquivel* en el foro *Visual LISP, AutoLISP and General Customization* [6].

La sintaxis de esta función es similar a la que usamos en **vlisp-compile**, pero en lugar de un solo nombre de archivo LSP, su segundo argumento es una

---

6 *https://forums.autodesk.com/t5/visual-lisp-autolisp-and-general/some-not-documented-functions-vlisp-xxx-usage/td-p/1314793*

lista de todos los nombres de archivo LSP utilizados en nuestro proyecto. Para compilar la aplicación NUMERA, la expresión sería:

```
(vlisp-compile-list
  'st
  (list
    "Numera\\numera-calculo.lsp"
    "Numera\\numera-entrada.lsp"
    "Utilidades\\dib-texto.lsp"
  )
  "C:\\VSCode Workspaces\\Numera\\FAS\\NUMERA.fas"
)
```

Como hemos agregado la carpeta VSCode Workspaces a las Rutas de búsqueda de archivos de soporte, solo tenemos que especificar las carpetas Numera y Utilidades en las trayectorias de los archivos LSP que se unirán en un archivo FAS único. Para contener el archivo FAS resultante, hemos creado una nueva carpeta llamada FAS. En este caso, será necesario especificar la ruta completa para este nuevo archivo.

Pero escribir una expresión tan larga en la línea de entrada de la Consola de Depuración puede ser engorroso, aún cuando con MAYÚS+INTRO podemos continuar tecleando en una nueva línea.

En casos como este, podemos simplemente escribir la expresión en una ventana del Editor, seleccionarla y usar la opción del menú contextual Evaluar en la consola de depuración, por supuesto estando en modo Ejecutar (ver *Figura 2.26*).

2.12 Carga bajo demanda del programa.

Una vez que tenemos todo nuestro programa en un archivo único podemos aprovechar la opción de *carga bajo demanda* para nuestro programa. La carga bajo demanda significa que nuestro programa no ocupará espacio de memoria mientras no lo usemos y se cargará de manera automática al teclear el nombre del comando, en este caso NUMERA o NUM-OPCIONES.

Para lograr esto, utilizaremos el archivo acaddoc.lsp que indicamos se creara en la carpeta VSCode Workspaces. Como indicamos al inicio de este capítulo, este es un archivo especial que se cargará de manera automática para cada dibujo. En este archivo incluiremos una expresión **autoload** que habilita la carga bajo demanda de archivos de programas. La función **autoload** de AutoLISP permite acceder a los comandos sin cargar las rutinas completas en la memoria. Recibe dos argumentos: el nombre del archivo de programa y una

lista con los nombres de los comandos definidos en ese archivo (sin el prefijo
`C:`), todos como cadenas de caracteres.

```
(autoload "nombre-programa" '("comando1" "comando2" ...))
```

Si se trata de un archivo de extensión .LSP no es necesario indicar la extensión.
Pero en nuestro caso los comandos del programa están distribuidos en tres
archivos .LSP diferentes. En ese caso será necesario cargar el .FAS que es donde
al compilar se une todo en el mismo archivo.

Figura 2.26. Salida de compilar varios archivos de código fuente en un solo FAS.

Pero en el caso de que no sea un archivo LSP deberemos incluir la extensión del mismo [7]. Como el archivo numera.fas está en la carpeta FAS dentro de la carpeta Numera, será necesario incluir también su trayectoria relativa. Añadiendo la siguiente expresión al archivo acaddoc.lsp tendremos nuestros programas NUMERA y NUM-OPCIONES disponibles para cada nuevo dibujo que abramos:

```
(autoload "./Numera/FAS/numera.fas" '("NUMERA" "NUM-OPCIONES"))
```

Observe la forma en que se expresa la trayectoria relativa: la carpeta VSCode Workspaces es la carpeta raíz representada por un punto. Los separadores de la trayectoria son barras ("/").

En caso de que al abrir un nuevo archivo y teclear NUMERA se nos informara que:

```
El archivo./Numera/FAS/numera.fas(.lsp/.exe/.arx) no se
ha encontrado en las carpetas de la ruta de búsqueda.
Compruebe la instalación de los archivos de soporte e
inténtelo de nuevo.
```

debemos comprobar en primer lugar que nuestra carpeta VSCode Workspaces esté efectivamente incluida en las trayectorias de búsqueda de archivos de soporte de AutoCAD y que la trayectoria especificada sea efectivamente la real.

Y a partir de la versión 2014, se requiere que todas las carpetas que contienen código se encuentren en la lista de Ubicaciones de confianza. Como nuestro proyecto no ha sido *firmado digitalmente* para certificar su autoría, desde la versión 2016 también se presentará una advertencia (ver *Figura 2.27*).

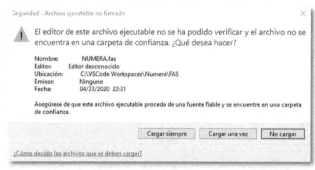

Figura 2.27. Advertencia de archivo ejecutable sin firmar.

---

7   *Las extensiones de archivo que se pueden omitir para la carga automática son .lsp, .exe, y .arx.*

2.13 Resumen.

Este tutorial ha servido para presentarnos algunas de las herramientas clave del editor VS Code:

- El Espacio de Trabajo (Workspace) como un medio para vincular varias carpetas que contienen código utilizado por un mismo programa.
- La Vista Explorador que muestra nuestras carpetas y archivos.
- El Editor donde escribimos nuestro código y la forma en que nos puede ayudar en ello.
- La Consola de Depuración y su uso para probar nuestro código.
- La Vista Ejecutar y cómo puede ayudarnos a detectar errores.
- La Vista Control de Código Fuente que puede almacenar diferentes versiones durante el desarrollo del programa.
- El Panel Terminal, donde podemos escribir comandos que controlan nuestro entorno.

Aquellos acostumbrados al *Entorno de Desarrollo Integrado Visual LISP (VLIDE)* que ha estado presente durante veinte años, desde AutoCAD 2000, extrañarán muchas de sus prestaciones, la mayoría de las cuales son consecuencia de su ejecución como parte de AutoCAD. Como aplicación externa, *VS Code* depende de las conexiones temporales que se establecen con AutoCAD para depurar el código.

La característica más importante de la que VS Code carece es la posibilidad de compilar nuestro código. Una solución alternativa que se ofrece desde AutoCAD 2021 es el nuevo comando MAKELISPAPP que utiliza el antiguo Asistente para Crear Aplicaciones de VLIDE [8] que permite compilar archivos de código fuente y otros recursos en archivos *Ejecutables Visual LISP* (VLX).

Pero, por otra parte, el Control de Código Fuente (Source Control Management) y el Panel Terminal que ejecuta *Windows Powershell* pueden aportar grandes mejoras en nuestro flujo de trabajo.

Además, como *VLIDE* se limita a los sistemas Windows, VS Code es la mejor opción disponible para los usuarios de AutoCAD para Mac. También incorpora una serie de herramientas como Intellisense que pueden ser de gran ayuda para acelerar nuestro trabajo. Tenemos que tener en cuenta que esta es una primera versión y que hay muchas formas de mejorarla.

---

8 *Solo disponible para usuarios de Windows.*

Capítulo 3

Depuración del Código Visual LISP

Los programas no siempre se comportan de la manera que deseamos. Cuando obtenemos resultados distintos de los esperados o el programa se interrumpe a causa de un error, puede ser muy difícil el determinar donde es que nos hemos equivocado. *VS Code* suministra una serie de herramientas que nos pueden asistir en el proceso de depuración para la solución de los problemas que presentan nuestros programas.

Para comenzar el proceso de Depuración, debemos vincular *VS Code* a una instancia en ejecución de la aplicación AutoCAD [1]. Para hacer esto, podemos usar el atajo de teclado F5, seleccionar la opción Iniciar depuración en el menú Ejecutar, o hacer clic en el botón Ejecutar y depurar que se muestra en la Vista Ejecutar (ver *Figura 3.1*, arriba).

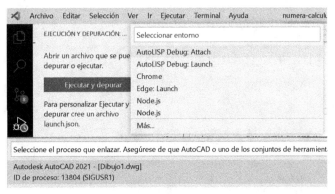

Figura 3.1. Vinculando VS Code a AutoCAD.

En caso de que seleccionemos la modalidad Attach debemos seleccionar el proceso que nos interese para vincularlo en el cuadro de texto que se abre (ver *Figura 3.1*, abajo).

---

1 *Es decir, suponiendo que hayamos configurado VS Code en la modalidad Attach. Si se configura en la modalidad Launch, el depurador iniciará una nueva instancia de AutoCAD en lugar de utilizar una existente.*

3.1 Evaluación inmediata del código.

La primera opción a la que debemos recurrir es la evaluación inmediata de cada línea de código escrita. Mientras escribimos en la ventana del Editor, podemos seleccionar el código que queremos verificar colocando el cursor dentro del paréntesis de apertura y luego usando el método abreviado de teclado Expandir selección (MAYÚS+ALT+FLECHADERECHA) repetidamente. Esto hará crecer su selección y seleccionará de manera inteligente todo entre los paréntesis correspondientes.

Figura 3.2. Comando Seleccionar para corchete (Select to Bracket).

También podemos usar la opción Seleccionar para corchete (Select to Bracket) de la Paleta de Comandos (CTRL+MAYÚS+P) con el cursor dentro del paréntesis de apertura. Esta opción no tiene un atajo de teclado, pero se puede encontrar, entre las muchas opciones en la paleta, escribiendo `"sel b"` en el campo de entrada (ver *Figura 3.2*) en la parte superior de la Paleta.

Una vez hecha la selección, podemos elegir la opción de menú contextual Evaluar en la consola de depuración (ver *Figura 3.3*). El código resaltado se evalúa inmediatamente y su resultado se muestra en la consola.

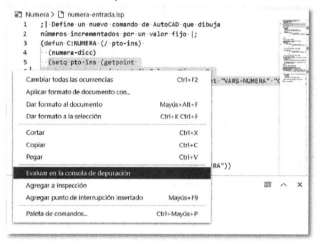

Figura 3.3. Evaluar una expresión seleccionada.

La *Figura 3.4* muestra el código de la función **vert-poly**, tomada del *Capítulo 10* del libro *Experto AutoCAD con Visual LISP* que utilizamos para extraer las coordenadas de los vértices en la lista de asociación de una entidad

Polilínea (**LWPOLYLINE**). En ella, para obtener el valor de la coordenada Z de la polilínea, se utiliza la expresión

```
(setq coord-z (cdr (assoc 38 lst)))
```

donde se supone que **lst** es una lista de asociación con la información de la entidad Polilínea.

Para probarlo, hemos dibujado una polilínea que en este caso ha sido *la última entidad dibujada*. Una vez iniciada la sesión de Depuración, deberíamos haber tecleado en la Consola la expresión

```
(vert-poly (entget (entlast)))
```

que habría proporcionado el tipo correcto de argumento, una lista. Pero en su lugar tecleamos

```
(vert-poly (entlast))
```

que proporcionará a **vert-poly** un **ENAME** en lugar de una lista de asociación. Cuando este valor, asignado a la variable local **lst** se pasa a la función **assoc**, la ejecución del programa se detendrá mostrando el mensaje EN PAUSA EN EXCEPCIÓN en la sección PILA DE LLAMADAS de la Vista Ejecutar. El lugar en el código donde ocurrió el error se subraya en rojo y se señala con una flecha roja y una banderola con el texto Se produjo una excepción.

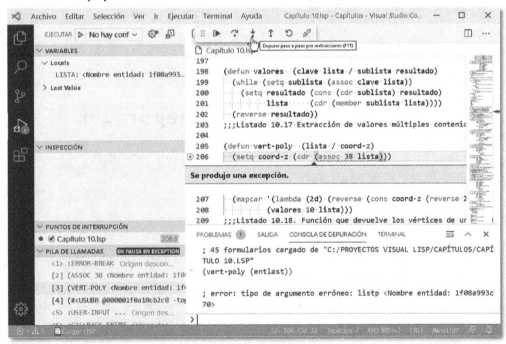

Figura 3.4. Error al ejecutar un programa.

La naturaleza del error se mostrará en la CONSOLA DE DEPURACIÓN con el mensaje

```
; error: tipo de argumento erróneo: listp <Nombre entidad:
1f08a993c70>
```

donde **listp** es un predicado que indica la naturaleza del argumento que la función **assoc** esperaba recibir (*una lista*), seguido de los datos reales recibidos. La *Tabla 3.1* muestra algunos predicados asociados a mensajes de error. La documentación de Visual LISP no explica el significado de estos mensajes.

Tabla 3.1. *Predicados asociados con mensajes de error.*

Predicado:	Argumento esperado:
consp	Una lista. Por lo general, se genera cuando se utiliza **car**, **cdr** u otras funciones de procesamiento de listas.
FILE	Un descriptor de archivo.
fixnump	Un número entero.
lentityp	Un nombre de entidad.
listp	Una lista.
lselsetp	Un conjunto de selección.
numberp	Un número (real o entero).
output-streamp	Una salida a archivo de texto.
streamp	Un archivo abierto para lectura o escritura.
stringp	Una cadena de caracteres (string).
symbolp	Un símbolo.
VLA-OBJECT	Un objeto Visual LISP ActiveX.

3.2 Interfaz de Usuario del Depurador.

Durante el proceso de Depuración usaremos el menú Ejecutar, la Vista Ejecutar y la Barra de Herramientas Depurar.

Menú Ejecutar.

El menú Ejecutar contiene los comandos de depuración más comunes:

- Iniciar depuración (F5): inicia una sesión de depuración.
- Ejecutar sin depuración (CTRL+F5): Esta opción parece hacer lo mismo que la anterior..
- Detener depuración (MAYÚS+F5): se desconecta de AutoCAD y finaliza la sesión de depuración.
- Reiniciar depuración (CTRL+MAYÚS+F5): vuelve a cargar el código fuente y reinicia el proceso de depuración. Se usa si se realizan cambios.

- Abrir configuraciones: abre el archivo .json que almacena la configuración de Depuración.
- Agregar configuración... : muestra una lista de las configuraciones disponibles.
- Depurar Paso a paso por procedimientos (F10), Paso a paso por instrucciones (F11), Paso a paso para salir (MAYÚS+F11) y Continuar (F5): opciones de la barra de herramientas de depuración, disponibles al depurar.
- Alternar punto de interrupción (F9): agrega / elimina puntos de interrupción en la línea de código seleccionada.
- Nuevo punto de interrupción: agrega puntos de interrupción no estándar.
- Habilitar, Deshabilitar y Eliminar todos los puntos de interrupción: aplica la acción a todos los puntos de interrupción establecidos.
- Instalar los depuradores adicionales: muestra las extensiones de depurador disponibles en el *Marketplace*.

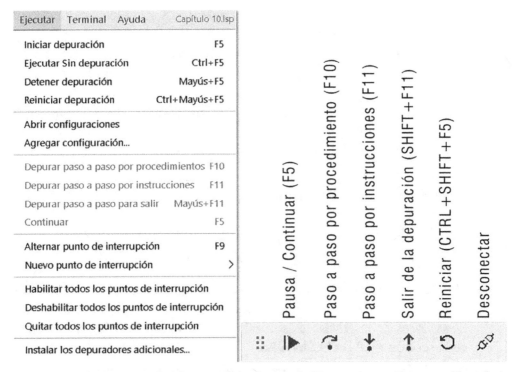

Figura 3.5. Menú Ejecutar (izquierda) y Barra de Herramientas Depurar (derecha).

Barra de Herramientas Depurar.

La Barra de Herramientas Depurar muestra seis botones que nos dan un control total del proceso de depuración. Con la Barra de Herramientas Depurar podemos controlar el ritmo al que se evalúan las expresiones una vez que se detiene la ejecución del programa al llegar a un punto de interrupción. Los tres botones Paso a paso... ofrecen las siguientes posibilidades:

- El botón Paso a paso por procedimiento (Step Over) o F10 evalúa la expresión resaltada, incluidas todas sus expresiones anidadas. La ejecución se detiene al final de la expresión.

- Podemos usar el botón Paso a paso por instrucciones (Step Into) o F11 para evaluar sucesivamente, una a una, las expresiones anidadas en el código resaltado.

- El botón Salir de la depuración (Step Out) o MAYÚS+F11 reanuda la ejecución evaluando todas las expresiones hasta el final de la función donde el programa está detenido.

- Al seleccionar el botón Continuar (Continue) o presionar F5, se nos llevará al siguiente punto de interrupción, si corresponde. Cuando se hace clic, el icono Continuar cambiará al icono Pausa, función que no está disponible. Al hacer clic en él, se mostrará el siguiente mensaje en la Consola de Depuración: **La pausa no está disponible durante la depuración de AutoLISP con AutoCAD Lisp Extension**.

- Al seleccionar el botón Reiniciar (Restart) o CTRL+MAYÚS+F5 finaliza la sesión de depuración actual y se reinicia. El archivo de código fuente en la ventana activa se vuelve a cargar automáticamente en AutoCAD. Cuando se modifica el código y se guarda el archivo, Reiniciar es la forma de probarlo de inmediato.

- El botón Desconectar (Disconnect) detendrá la depuración y finalizará la conexión entre VS Code y AutoCAD.

Vista Ejecutar.

La Vista Ejecutar de la Barra Lateral se divide en cuatro secciones:

- VARIABLES: muestra los nombres de las variables locales y los valores que asumen. También muestra el último valor devuelto durante la sesión. Los valores de las variables son relativos al marco de pila seleccionado en la sección PILA DE LLAMADAS.

- INSPECCIÓN: Aquí podemos definir expresiones utilizadas para inspeccionar el estado y las variables de nuestro programa.

- PUNTOS DE INTERRUPCIÓN: podemos establecer ubicaciones donde el programa se detendrá durante la depuración.

- PILA DE LLAMADAS: la pila de llamadas contiene el registro de las funciones ejecutadas dentro del programa.

La Vista Ejecutar tiene una barra superior con comandos de depuración y ajustes de configuración. Para activar la Vista Ejecutar, podemos seleccionar el icono Ejecutar en la Barra de Actividades o usar el atajo de teclado CTRL+MAYÚS+D.

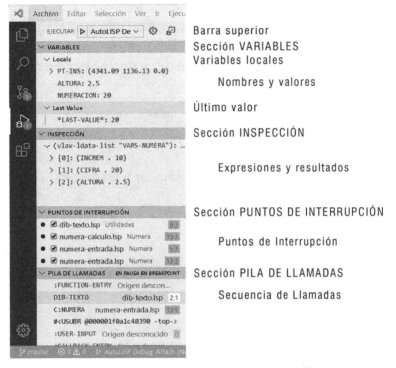

Figura 3.6. Vista EJECUTAR.

3.3 La sesión de depuración.

Para depurar un programa en VS Code, debemos comenzar configurando al menos un *punto de interrupción* (*Breakpoint*). Un punto de interrupción es una ubicación en el código del programa que, cuando se alcanza, provoca una interrupción temporal para que pueda comprobar los valores de las variables, el comportamiento de la memoria o si se está ejecutando o no una rama de código.

Para demostrar las prestaciones de depuración de VS Code, utilizaremos el código para la aplicación NUMERA del *Capítulo 2*. Abriremos el espacio de trabajo NUMERA para tener nuestros tres archivos LSP disponibles en la Vista Explorador. Al trabajar con estos tres archivos de un proyecto, podemos mostrarlos todos utilizando las opciones que se muestran en la opción de menú Ver > Diseño del editor. En este caso, los mostramos uno al lado del otro seleccionando la opción Tres columnas.

Para examinar todos los procesos que tienen lugar dentro de esta aplicación, estableceremos nuestro punto de interrupción en la primera expresión de la función **C:NUMERA**, incluida en el archivo numera-entrada.lsp. Para activar este punto de interrupción, podemos hacer clic en el margen izquierdo del Editor o usar F9 con el cursor situado en la línea correspondiente. Los puntos de interrupción en el margen del Editor se muestran como *círculos rojos*. Si se deshabilitan, el color del punto de interrupción cambiará a gris.

Es recomendable establecer otros puntos de interrupción para que podamos experimentar con el comando Continuar. Por ejemplo, podemos alternar un segundo punto de interrupción en el archivo dib-texto.lsp (see *Figura 3.7*) situado en la expresión que dibuja el texto. Al hacer una pausa en este punto, podremos verificar los valores asignados a las variables que usará el comando **_TEXT**, y experimentar con la posibilidad de cambiar esos valores desde la Consola de Depuración.

```
⌾ Utilidades ›  dib-texto.lsp
   1    ;Función genérica para dibujar textos
   2  ∨ (defun dib-texto (pt-ins altura numeracion / ant-osm)
   3      ··(setq ant-osm (getvar "OSMODE"))
   4      ··(setvar "OSMODE" 0)
   5      ··(princ)
  🔴 Punto de interrupción "_TEXT" pt-ins altura "" numeracion)
   7      ··(setvar "OSMODE" ant-osm)
   8      )
   9    ;Figura 2.10. Función para dibujo del texto.
```

Figura 3.7. Activar un punto de interrupción en la función de dibujo de texto.

Una vez que se hayan establecido los puntos de interrupción, debemos activar la Vista Ejecutar en caso de que no sea la vista actual de la Barra Lateral. Esto se puede hacer haciendo clic en el icono Ejecutar de la Barra de Actividades o mediante el atajo de teclado CTRL+MAYÚS+D.

Figura 3.8. Icono Iniciar Depuración, de la Vista Ejecutar.

Para comenzar a depurar debemos vincular el depurador de VS Code a AutoCAD. Si hemos seguido las instrucciones en el *Capítulo 1*, ya habremos definido la forma en que esta conexión entre VS Code y AutoCAD se llevará a cabo, agregando las configuraciones attach o launch. En este caso, podemos hacer clic en el icono del triángulo verde Iniciar depuración en la barra superior de la Vista Ejecutar (ver *Figura 3.8*) o mediante el atajo de teclado F5.

Hacer esto cargará las funciones incluidas en el archivo abierto en la ventana activa del Editor. Pero como el código de nuestra aplicación se distribuye entre tres archivos diferentes, debemos cargar los otros dos archivos. Para cargar los otros archivos, debemos seleccionarlos activando cada una de las ventanas del Editor y hacer clic en el botón Cargar Lisp que aparece en la Barra de Estado (ver *Figura 3.9*) o usando la opción Cargar archivo en AutoCAD del menú contextual del Editor.

Una vez que se han cargado todos nuestros archivos, algo que podemos verificar en la Consola de Depuración, podemos comenzar el proceso de Depuración. Para hacer esto, debemos iniciar nuestra aplicación en AutoCAD llamando a nuestro nuevo comando NUMERA. Esto se puede hacer cambiando a la ventana activa de AutoCAD y escribiendo NUMERA en la línea de comando, o escribiendo la expresión **(c:numera)** en la Consola de Depuración de VS Code.

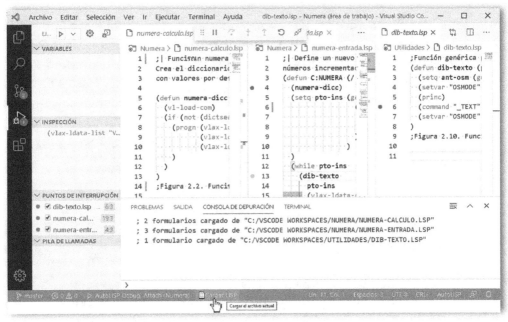

Figura 3.9. Cargando archivos para la depuración.

Como hemos establecido un *punto de interrupción* junto a la expresión que llama a la función **numera-dicc**, el depurador se detendrá allí, esperando nuestra decisión de cómo proceder, lo que haremos seleccionando una de las opciones ofrecidas en la Barra de Herramientas Depuración. Para examinar cómo funciona la función **numera-dict**, seleccionaremos el botón Paso a paso por instrucciones (Step Intro) o la tecla F11.

Esto nos llevará al archivo numera-calculo.lsp donde se resaltará la primera línea de la función numera-dicc. A medida que seguimos haciendo clic en el botón Paso a paso por instrucciones, las expresiones anidadas se resaltarán hasta que lleguemos a la más interna, en este caso **(namedobjdict)**. El valor devuelto por esta expresión aparecerá en la sección VARIABLES de la Vista Ejecutar, asociada al nombre de variable ***LAST-VALUE***. El tipo del valor devuelto se puede inspeccionar al pasar el cursor sobre el nombre de la variable asociada (ver *Figura 3.10*), que en este caso será ACAD DICTIONARY.

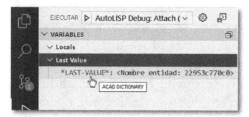

Figura 3.10. Inspección del tipo de variable.

A medida que avancemos por las expresiones anidadas, encontraremos que la expresión **(not (dictsearch (namedobjdict) "VARS-NUMERA"))**, puesto que el objeto **DICTIONARY** aún no existe, devolverá el símbolo **T**, que es la condición necesaria para crear uno nuevo. Al seleccionar Paso a paso por procedimientos (Step Over) o la tecla F10 se ejecutarán las declaraciones agrupadas en la expresión **progn**, creando así el nuevo diccionario **"VARS-NUMERA"**.

Después de verificar esto, seleccionaremos Continuar (F5) que continuará con la ejecución del código hasta la expresión que solicita al usuario el punto de inserción del texto:

```
(setq pt-ins
    (getpoint
      (strcat
        "\nPosición para el Num. "
        (itoa (vlax-ldata-get "VARS-NUMERA" "CIFRA"))
      )
    )
)
```

En este momento tendremos que cambiar a la ventana de AutoCAD para seleccionar un punto en la pantalla. El programa continuará hasta que alcance el segundo punto de interrupción que activamos en el archivo dib-texto.lsp, en la expresión que dibuja el texto:

```
(command "_TEXT" pt-ins altura "" numeracion)
```

Podemos ver los valores de los argumentos que recibe el comando "**_TEXT**" en la sección VARIABLES. Si necesitáramos cambiar algunos de estos valores, podríamos escribir una expresión **setq** en el cuadro de texto de la Consola de Depuración para cambiar cualquiera de estos valores, por ejemplo **(setq altura 5.0)** que dibujaría un texto de **5** unidades de altura.

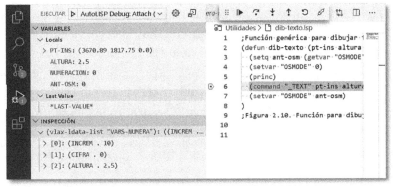

Figura 3.11. Inspección de los valores del diccionario.

La Sección de Inspección.

También tenemos la oportunidad de monitorear los valores devueltos por las funciones. Esto se realiza a través de la sección INSPECCIÓN de la Vista Ejecutar. Podemos hacer clic en el botón Agregar expresión en la Barra de Herramientas de la sección INSPECCIÓN (ver *Figura 3.12*, izquierda) para abrir el cuadro de texto Expresión para inspeccionar. Otra forma de agregar una expresión a INSPECCIÓN es seleccionarla en el Editor y hacer clic derecho para mostrar el menú contextual (*Figura 3.12*, derecha).

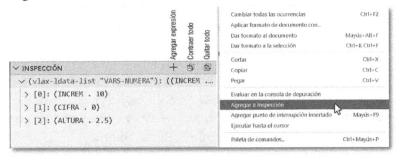

Figura 3.12. Agregar expresiones a Inspección en la Vista Ejecutar.

Una manera de comprobar la correcta creación del diccionario sería incluir la expresión **(vlax-ldata-list "VARS-NUMERA")** que una vez creado el diccionario nos mostrará los valores asociados a las claves. La sección

INSPECCIÓN se actualiza a medida que cambian los valores de las expresiones inspeccionadas, por lo que siempre se mostrarán los valores actuales. Estos valores se pueden copiar utilizando el menú contextual.

La Pila de Llamadas.

La Pila de Llamadas (Call Stack) muestra la secuencia de ejecución de llamadas a funciones dentro del programa. Una Pila es una estructura de programación que se caracteriza por el orden de entrada y salida de los elementos almacenados: el último elemento que entra es el primero que sale (LIFO, por *Last In-First Out*). Su inspección durante una interrupción del programa nos permite ver lo que sucedió inmediatamente antes durante la ejecución.

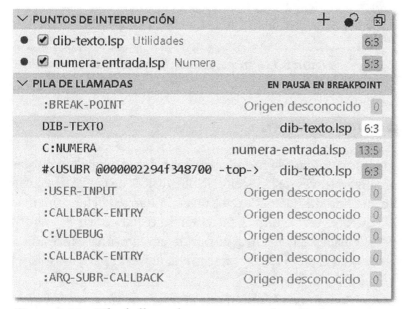

Figura 3.13. Pila de llamadas en pausa en breakpoint.

Invocar una función incluye una llamada en la pila. Al invocar a otras funciones anidadas, las nuevas llamadas reemplazan a las anteriores. Los elementos incluidos en la Pila de Llamadas de VS Code pueden ser *llamadas a Funciones*, **objetos Lisp** o *Palabras clave* (*Keywords*) que se corresponden con las operaciones realizadas durante la depuración.

Cada elemento correspondiente a una llamada a Función dentro de la Pila de Llamadas muestra su nombre y su ubicación definida por el nombre del archivo de código fuente y los números de línea y columna. Cuando el origen del elemento no es el código fuente del programa, se mostrará el mensaje Origen desconocido. El menú contextual de la Pila de Llamadas se puede usar para copiar la información que muestra, aunque no incluirá el número de columna.

La parte inferior de la pila contiene los pasos que ha seguido el depurador hasta llegar al primer punto de interrupción. Estos marcos son casi siempre los mismos. Las operaciones que representan son:

- :ARQ-SUBR-CALLBACK, palabra clave: indica una llamada a una función LISP.

- :CALLBACK:ENTRY, palabra clave: acción implementada en respuesta al evento anterior.

- C:VLDEBUG, una función de comando LISP no documentada que inicia la depuración y es invocada por la extensión Lisp de AutoCAD.

- :USER-INPUT, palabra clave: la expresión que se escribe en la consola para iniciar el proceso de depuración. En este caso, una llamada a la función C:NUMERA.

- #<USUBR @000002294f348700 -top-> dib-texto.lsp 6:3), dirección de memoria de la función definida por el usuario (USUBR) donde se detiene la ejecución, nombre del archivo de código fuente, número de línea : número de columna.

- C:NUMERA numera-input.lsp 13:5, nombre de la función desde la cual se llamó a la función en la que se pausó la ejecución, nombre del archivo de código fuente, número de línea : número de columna.

- DIB-TEXTO dib-texto.lsp 6:3, nombre de la función donde se detiene la ejecución, nombre del archivo de código fuente, número de línea : número de columna.

- :BREAK-POINT, Palabra clave: punto de interrupción especificado por el usuario.

El significado de otras palabras clave que pueden aparecer en la Pila de Llamadas se explica en la *Tabla 3.2* [2]. Los valores de las variables que se muestran y el resultado de la evaluación de expresiones son relativos al marco seleccionado en la Pila de Llamadas.

Tabla 3.2. Palabras clave de la Pila de Llamadas.

Palabra clave	Operación
:ARQ-SUBR-CALLBACK	Indica una llamada normal de AutoCAD a una función definida por Visual LISP.
:CALLBACK-ENTRY	Acción implementada en respuesta al evento anterior.

---

2 *Las palabras clave de la pila de llamadas utilizadas en VS Code no están documentadas.*

:USER-INPUT	Tecleado en la consola. El marco que aparece encima muestra la expresión resultante.
:ENTRY-NAMESPACE	Una llamada en el contexto de una aplicación VLX con espacio de nombres separado.
:FUNCTION-ENTRY	El depurador ingresa a una función.
:FUNCTION-RETURN	La función devuelve un valor al salir.
:BEFORE-EXP	El depurador entra a una función. Este mensaje aparecerá cada vez que esté utilizando Step Into o Step Over, y el paso está entrando a una expresión (en lugar de salir de una expresión, que se indicaría con la palabra clave :AFTER-EXP).
:AFTER-EXP	El comando Step Into o Step Over acaba de salir de una expresión.
:AFTER-GOTO-RETURN	El comando Step Out acaba de salir de una expresión.
:BREAKPOINT	Punto de interrupción especificado por el usuario.
:ERROR-BREAK	Error de tiempo de ejecución. La opción del menú contextual Mostrar mensaje muestra mensajes de error más específicos.
:ACAD-REQUEST	La siguiente llamada a función en la pila (por encima de esta palabra clave) se invocó desde la línea de comando de AutoCAD.
:TOP-COMMAND	Función llamada al cargar un archivo o selección.
:READ-ERROR	Se produjo un error durante una operación de lectura.

3.4 Rastreo de Funciones.

No tener un *rastreo de la Pila* disponible, en algunos casos puede dificultar la detección de problemas en nuestro código. Para obtener información sobre cuándo se llama a una función específica durante la ejecución de un programa, podemos usar la prestación AutoLISP de *rastreo de funciones*. Esta característica se implementa a través de la función **trace**. Esta función permite el seguimiento de las funciones cuyos nombres recibe como argumentos. Estas pueden ser tanto funciones AutoLISP nativas como funciones definidas por el usuario. Su sintaxis es:

```
(trace [función ...])
```

Cada vez que se evalúa una función específica, se imprime en la Consola de Depuración una línea con la información de rastreo, mostrando la entrada de la función (sangrado al nivel de profundidad de la llamada) y el resultado de la misma (ver *Figura 3.14*).

El rastreo de funciones permanecerá activo para toda la sesión actual de AutoCAD. Para desactivarla debe usarse la función **untrace**:

(untrace [función ...])

```
PROBLEMAS     SALIDA     CONSOLA DE DEPURACIÓN     ···           ≡▽   ∧   ✕

Entrada (DIB-TEXTO (1872.27 840.555 0.0) 2.5 "0")
Resultado:  0
Entrada (DIB-TEXTO (2565.18 634.312 0.0) 2.5 "10")
Resultado:  0
Entrada (DIB-TEXTO (-1091.04 879.839 0.0) 2.5 "20")
Resultado:  0
Entrada (DIB-TEXTO (-1007.5 157.991 0.0) 2.5 "30")
Resultado:  0
Entrada (DIB-TEXTO (-879.724 536.102 0.0) 2.5 "40")
Resultado:  0
Entrada (DIB-TEXTO (-412.868 855.286 0.0) 2.5 "50")
Resultado:  0
>
```

Figura 3.14. Salida de TRACE para la función DIB-TEXTO.

3.5 Resumen.

Hemos visto las principales herramientas de depuración disponibles en VS Code. No debemos olvidar los otros recursos disponibles del Editor en sí, como la sintaxis coloreada (solo ver un nombre de función que no se vuelve azul significa que está mal escrito), detección del cierre de paréntesis, verificación de sintaxis y formateo automático. Todo esto constituye un entorno que nos ayuda en el desarrollo de aplicaciones complejas.

Capítulo 4

VLX: El Ejecutable Visual LISP

Usualmente una aplicación real será aún más compleja que la que hemos desarrollado. Puede incluir miles de líneas de código distribuidas entre una gran cantidad de archivos LSP. Como hemos visto en el *Capítulo 2*, este código fuente se puede compilar a un archivo FAS para aumentar su eficiencia. Pero si se van a incluir otros archivos de recursos (como definiciones de diálogo DCL o archivos de texto), la solución sería empaquetarlos como un solo archivo VLX.

El comando CREARAPLISP (_MAKELISPAPP) se ha agregado a AutoCAD 2021 para la creación de un ejecutable Visual LISP (archivo VLX) a partir de una combinación de archivos LSP, DCL, FAS, PRJ, y TXT. Este comando se utiliza para crear un *Proyecto de Compilación AutoLISP (AutoLISP Build Project)*, que se guarda en un archivo de texto con la extensión PRV y, opcionalmente compilar un archivo de programa VLX (por *Visual Lisp eXecutable*) [1] que corresponde a las propiedades almacenadas en el PRV.

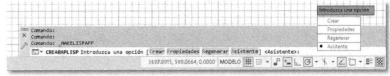

Figura 4.1. Opciones propuestas por CREARAPLISP.

CREARAPLISP (_MAKELISPAPP) presenta al usuario cuatro opciones a seleccionar: Crear, Propiedades, Regenerar y Asistente (ver *Figura 4.1*). La

---

[1] *Si el valor de la variable de sistema LISPSYS es 1, el archivo VLX creado utiliza caracteres Unicode y no se cargará en AutoCAD 2020 y anteriores. Si requiere compatibilidad con AutoCAD 2020 y anteriores, LISPSYS debe establecerse como 2. Si LISPSYS es 0 AutoCAD 2021 no reconocerá el comando CREARAPLISP. En este caso para crear la aplicación se deberá abrir el antiguo Editor de Visual LISP seleccionando la opción de menú Archivo > Crear aplicación > Asistente para nueva aplicación.*

opción predeterminada es Asistente. Al seleccionar esta opción, se mostrará el Asistente para Aplicaciones con el que crearemos un nuevo archivo de *Proyecto de Compilación AutoLISP* (PRV) que luego se utilizará para compilar los archivos seleccionados en un archivo *ejecutable Visual LISP* (VLX).

Las otras opciones se utilizan para:

- Crear: compila solo los archivos de origen de AutoLISP que se han cambiado a nuevos archivos FAS, utilizándolos para crear un nuevo archivo ejecutable (VLX) basado en la configuración del archivo de *Proyecto de compilación AutoLISP* (PRV) seleccionado.

- Propiedades: muestra el cuadro de diálogo Propiedades de la aplicación que permite la edición de las propiedades guardadas en un archivo PRV existente.

- Regenerar: Vuelve a compilar todos los archivos de código fuente LSP y construye un nuevo archivo ejecutable (VLX) basado en la configuración guardada en un archivo PRV.

4.1 El Asistente para Nueva Aplicación.

El módulo VLX se crea utilizando un *Asistente* que se muestra seleccionando la opción predeterminada del comando CREARAPLISP. El *Asistente* incluye las siguientes páginas que deben completarse secuencialmente. Algunas de estas páginas se muestran solo si se selecciona el modo Experto del asistente. Como hemos visto que es posible compilar un conjunto de archivos de código fuente LSP en un único ejecutable FAS, probablemente usaremos archivos VLX solo en aquellos casos en que necesitemos incluir otros recursos como definiciones de diálogo DCL.

Para ilustrar los diferentes pasos que conducen a completar un *Proyecto de compilación AutoLISP* (PRV) y compilar el *Ejecutable Visual LISP* (VLX) correspondiente, utilizaremos EXCEL-ATRIBUTOS, una aplicación tomada del *Capítulo 25* de nuestro libro *Experto AutoCAD con Visual LISP*, que utiliza un cuadro de diálogo DCL.

Modo Asistente.

Esta aplicación está compuesta por cuatro archivos de código fuente LSP en una carpeta llamada ATRIBUTOS y un archivo DCL en la sub-carpeta ATRIBUTOS/ DCL (ver *Figura 4.2*). En casos como este, debemos usar el modo Experto del Asistente, seleccionando el botón de opción que se muestra en la página inicial Modo Asistente (ver *Figura 4.3*), ya que el modo Simple no permite agregar más que archivos LSP.

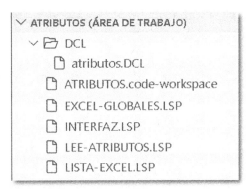

Figura 4.2. Archivos usados en la aplicación EXCEL-ATRIBUTOS.

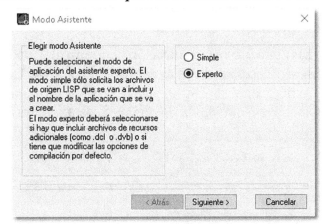

Figura 4.3. Página del Modo Asistente.

Directorio de la Aplicación.

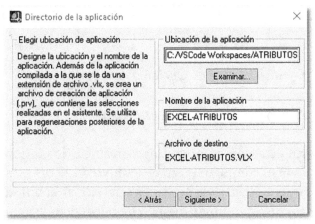

Figura 4.4. Página Directorio de la aplicación.

En la página Directorio de la aplicación, seleccionamos la carpeta ATRIBUTOS como Ubicación de la aplicación y, como Nombre de la aplicación, usaremos el mismo nombre utilizado para el comando de AutoCAD, EXCEL-ATRIBUTOS.

Este nombre se usará para el nombre de Archivo de destino predeterminado, EXCEL-ATRIBUTOS.VLX.

Opciones de la Aplicación (Solo en modo Experto).

Esta página muestra una casilla de verificación (ver *Figura 4.5*) que se utiliza para definir si la aplicación se ejecutará en el *espacio de nombres del dibujo* o en un *espacio de nombres separado*. Las variables y funciones definidas en un espacio de nombres separado VLX son accesibles solo para la aplicación en sí y no para el dibujo en el que se carga. La aplicación puede exportar al espacio de nombres del documento los nombres de aquellas funciones que deben estar disponibles en el contexto del dibujo.

La otra casilla de verificación denominada Soporte ActiveX está disponible solo si se selecciona Separar espacio de nombres. De lo contrario, las extensiones ActiveX de Visual LISP *siempre se cargarán automáticamente*. Para este ejemplo *no seleccionaremos* la opción de Separar espacio de nombres.

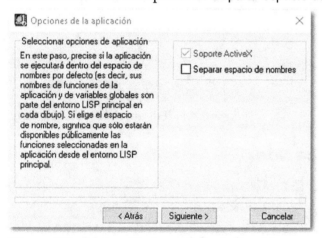

Figura 4.5. Página Opciones de la Aplicación.

Archivos LISP a incluir.

En esta página podemos especificar los archivos de código fuente LSP que deben compilarse en el archivo VLX de la aplicación. Para encontrar los archivos a incluir debemos seleccionar el botón Agregar... (ver *Figura 4.6*), que abre un cuadro de diálogo de búsqueda de archivos estándar.

El tipo de archivo buscado se define mediante la lista desplegable que se muestra junto al botón Agregar... . Esta lista ofrece tres tipos de archivos que podemos seleccionar, Archivos de origen Lisp para archivos LSP, Archivos lisp compilados para archivos FAS o Archivos de proyecto de Visual LISP para archivos

PRJ. En este caso, seleccionaríamos los archivos LSP contenidos en la carpeta ATRIBUTOS.

Figura 4.6. Página Archivos LISP a incluir.

Archivos de Recursos a Incluir (Solo en modo Experto).

Figura 4.7. Página Archivos de recursos a incluir.

La página Archivos de recursos a incluir (ver *Figura 4.7*) que muestra el Asistente en modo Experto se puede usar para agregar archivos adicionales a la aplicación. Estos pueden ser archivos de código fuente AutoLISP (LSP), archivos LISP compilados (FAS), archivos de proyecto Visual LISP (PRJ), archivos DCL, y archivos de texto. En nuestro caso, será el archivo de código DCL, ubicado en la carpeta ATRIBUTOS/DCL.

Opciones de compilación de la aplicación (Solo en modo Experto).

También trabajando en modo Experto, se mostrará la página Opciones de compilación de la aplicación. Aquí podemos seleccionar el botón de opción Estándar u Optimizar y vincular.

- Estándar: no se realiza ninguna optimización en las funciones de la aplicación.
- Optimizar y vincular: la aplicación se optimiza para reducir el tamaño del archivo y aumentar el rendimiento de las funciones.

Opciones de compilación no disponibles con VS Code.

El cuadro de diálogo Propiedades del Proyecto del antiguo Entorno de Desarrollo Visual LISP (*VLIDE*) ofrecía la manera de definir una serie de instrucciones de optimización para nuestros archivos compilados. Esta posibilidad se ha perdido en el entorno VS Code. Entre esas opciones estaban:

- Fusionar archivos en un solo módulo, es decir, un archivo FAS único para acelerar la carga y evitar tener que administrar tres archivos diferentes.
- Al elegir Interno como Modo de vínculo, el compilador intenta resolver todas las llamadas explícitas a funciones referenciando la definición de las mismas en memoria descartando totalmente sus nombres.
- Al seleccionar la casilla Localizar variables, el compilador también eliminaría todos los nombres de símbolos locales vinculando directamente sus referencias si es posible, en lugar de emplear un símbolo que represente la dirección en memoria de la variable.
- Para evitar en la medida de lo posible los errores debidos a este alto grado de optimización, también podíamos seleccionar Optimización segura, lo que indica al compilador que rechace las optimizaciones problemáticas.
- En el Modo de mensaje, podíamos seleccionar Informes completos para asegurarnos de tener toda la información sobre el proceso de compilación, incluidos errores, advertencias y estadísticas del compilador.

Revisar selecciones/Crear aplicación.

Revisar selecciones / Crear aplicación es la página final que se muestra. Al seleccionar el botón Finalizar, los parámetros especificados se guardan en un archivo Make (PRV). Este archivo se encuentra en la carpeta de la aplicación. El archivo de la aplicación VLX se creará de inmediato si la casilla de verificación Generar aplicación está marcada. Este archivo VLX compilado incluye la definición del cuadro de diálogo DCL, lo que simplifica la distribución de la aplicación.

La aplicación puede ser cargada con:

```
(load "./ATTRIBUTOS/EXCEL-ATRIBUTOS")
```

suponiendo que la carpeta de la aplicación sea la que ha sido indicada en este tutorial.

4.2 Modificar el Proyecto de Compilación (PRV).

Una vez que se ha creado un *Proyecto de compilación AutoLISP* (PRV) con el Asistente, el mismo se puede modificar con la opción Propiedades del comando CREARAPLISP. Al seleccionar esta opción, se le pedirá que seleccione un archivo PRV a través de un cuadro de diálogo de búsqueda de archivos (ver *Figura 4.8*). Una vez que se ha seleccionado un archivo PRV, se mostrará el cuadro de diálogo Propiedades de la aplicación. Este cuadro de diálogo incluye cinco pestañas que son similares a las páginas del Asistente.

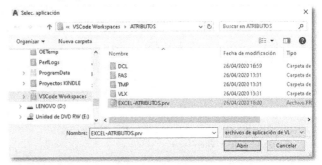

Figura 4.8. Selección del archivo PRV de la aplicación.

Pestaña Propiedades de la aplicación.

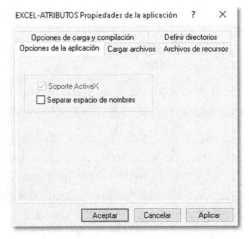

En esta pestaña podemos definir si nuestra aplicación se ejecutará en el espacio de nombres del dibujo o si tendrá el suyo propio. Si la casilla Separar espacio de nombres está seleccionada la aplicación se ejecutará en su propio espacio de nombres. En caso contrario, se ejecutará en el espacio de nombres del documento desde el que se carga el VLX.

Al seleccionar esta casilla se activará la casilla Soporte ActiveX que determina si si las funciones AutoLISP ActiveX se cargan automáticamente con la aplicación.

Pestaña *Cargar Archivos.*

Es posible que sea necesario agregar o eliminar archivos de código fuente u otros recursos utilizados en la Aplicación. Esta pestaña gestiona los archivos que forman parte de la misma [2].

Al seleccionar el botón Agregar... se muestra el cuadro de búsqueda de archivos Añadir archivos de código fuente.

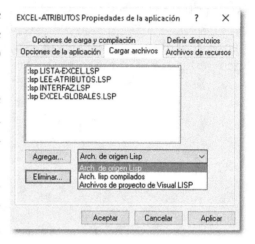

El tipo de archivo que se puede agregar está determinado por la opción que se ha seleccionado en la lista desplegable Tipos de archivo.

Para eliminar alguno de los archivos que aparecen en la lista podemos usar el botón Eliminar....

Pestaña *Archivos de Recursos.*

Esta pestaña administra archivos de recursos adicionales que deben integrarse en la aplicación.

El botón Agregar... muestra el cuadro de diálogo Agregar archivos a recursos.

El tipo de archivo que se agrega depende de lo seleccionado en la lista desplegable. Pueden ser archivos de código fuente LSP, archivos compilados FAS, archivos de Proyecto Visual LISP PRJ, archivos de definición de diálogo DCL y archivos de texto TXT.

El botón Eliminar... borra los archivos seleccionados de la lista de Archivos de recursos.

---

2   *Tan importante como puede ser, esta pestaña carece de los controles necesarios que permitirían reordenar la lista.*

Pestaña Opciones de Carga y Compilación.

Esta pestaña determina la manera en que se deberán compilar los archivos de código fuente AutoLISP.

La opción **Estándar**, produce un archivo de salida pequeño, adecuado para programas de en un solo archivo.

Optimizar y vincular optimiza los archivos compilados y crea referencias directas a las funciones compiladas en lugar de al símbolo de la función en el código compilado. Esta opción es la más adecuada cuando se trata de programas extensos y complejos.

Pestaña Definir Directorios.

Define el Directorio de objetos LISP y el Directorio de Destino.

El Directorio de objetos LISP es la ubicación donde Visual LISP coloca los archivos **FAS** y cualesquiera otros archivos intermedios que crea el compilador durante el proceso de creación del ejecutable.

El Directorio de destino es la ubicación donde Crear aplicación guarda el archivo VLX. Si no se especifica ningún directorio, se utiliza el directorio que contiene el archivo .PRV.

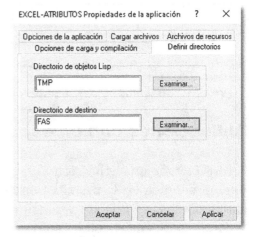

4.3 Espacios de Nombres (Namespaces).

Un *Espacio de Nombres* (*Namespace*) es un entorno LISP que contiene un conjunto de símbolos (variables, funciones, etc.). Los objetos LISP definidos en el espacio de nombres de un documento están aislados de los definidos en otros dibujos. Es posible compartir información entre diferentes Espacios de Nombres, pero debe hacerse explícitamente.

Al crear la aplicación VLX podemos elegir crear una aplicación que se ejecute en el espacio de nombres del dibujo o en su propio espacio de nombres. Si elegimos crear una aplicación que funcione dentro del espacio de nombres del dibujo, su compilación como VLX no causará problemas. Pero existe el riesgo de interferir con las funciones definidas por otras aplicaciones.

Al evaluar los símbolos de función en la Consola una vez que se ha cargado la aplicación VLX, podemos ver que aunque la mayoría de estos símbolos devuelven **nil**, lo que demuestra que la aplicación compilada los descartó, algunos todavía devolverán objetos **USUBR**. Esto significa que no serían totalmente seguros en un entorno de memoria compartida. Una aplicación que opera en su propio espacio de nombres separado evita este riesgo [3].

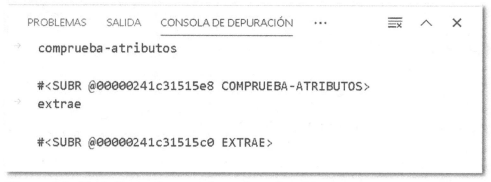

Figura 4.9. Símbolos no descartados en la aplicación VLX.

Aplicaciones con un espacio de nombres separado.

La creación de una aplicación VLX con su propio espacio de nombres es una opción definida en la pestaña Configuración de la aplicación del Asistente de aplicaciones. Las variables y funciones definidas en un espacio de nombres separado VLX son accesibles solo para la aplicación en sí y no para el dibujo en el que se carga. Esta aplicación deberá exportar al espacio de nombres del documento los nombres de las funciones que tienen que estar disponibles en el contexto del dibujo.

---

3   *Hasta la versión 14, AutoCAD funcionaba como interfaz de documento único (SDI). El concepto de espacios de nombres surgió cuando AutoCAD 2000 introdujo la posibilidad de trabajar como interfaz de documentos múltiples (MDI), evitando interferencias entre programas que se ejecutan en diferentes dibujos.*

Hacer las funciones accesibles desde el dibujo.

Para que una función definida en una aplicación VLX de espacio de nombres separado sea accesible desde el entorno del dibujo, debe exportarse explícitamente llamando a la función **vl-doc-export**. Esta función toma un solo argumento, que es el símbolo que identifica el nombre de la función.

La expresión **vl-doc-export** debe invocarse antes de la expresión **defun** donde se define la función. Una función exportada puede ser importada por otra aplicación VLX de espacio de nombres separada usando la función **vl-doc-import**.

Para determinar qué funciones se han exportado desde una aplicación de espacio de nombres separado, se puede utilizar **vl-list-exported-functions**. Requiere como argumento una cadena con el nombre de la aplicación cuyas funciones exportadas se desea verificar.

Acceso a variables de dibujo desde un espacio de nombres separado VLX.

Una aplicación compilada como una VLX con espacio de nombres separado puede acceder a las variables definidas en el espacio de nombres del dibujo utilizando las funciones **vl-doc-ref** y **vl-doc-set**. La función **vl-doc-ref** copia el valor de una variable definida en el espacio de nombres del dibujo. Requiere un único argumento, que es el símbolo que identifica la variable a copiar.

Suponiendo la existencia de una variable llamada **lista-puntos**, su valor se copia evaluando la expresión **(vl-docref 'lista-puntos)**. Cuando se llama desde el espacio de nombres del documento, produce los mismos resultados que **eval**.

La función **vl-doc-set** asigna un valor a una variable en el espacio de nombres del dibujo. Requiere dos argumentos: el símbolo que identifica la variable y el valor a asignar.

La siguiente expresión asigna una lista de tres números reales a la variable **pt**:

```
(vl-doc-set 'pt (list 100.0 250.0 10.0))
```

Cuando se evalúa desde el espacio de nombres del documento, produce el mismo efecto que **setq**.

Si el valor de una variable definida en el espacio de nombres de la aplicación VLX debiera copiarse en los espacios de nombres *de todos los dibujos abiertos*, se puede usar la función **vl-propagate**. La siguiente expresión establece el valor de la variable **website** en los espacios de nombres de todos los dibujos abiertos:

```
(setq website "http://www.togores.net/")
(vl-propagate 'website)
```

El efecto de **vl-propagate** no se limita a los dibujos abiertos. La variable se copiará automáticamente en el espacio de nombres de todos los dibujos que se abran durante la misma sesión de AutoCAD.

Compartir datos entre espacios de nombres.

Visual LISP proporciona un espacio de nombres que no está vinculado a ningún dibujo ni a ninguna aplicación VLX. Este espacio de nombres se conoce como *espacio de nombres pizarra* (*blackboard*). Su propósito es establecer y referenciar variables que pueden ser utilizadas por cualquier dibujo o aplicación VLX. La función **vl-bb-set** se usa para establecer una variable y **vl-bb-ref** para recuperar el valor asignado. Como en casos anteriores, estas funciones requieren el nombre de la variable como un símbolo precedido por **quote**.

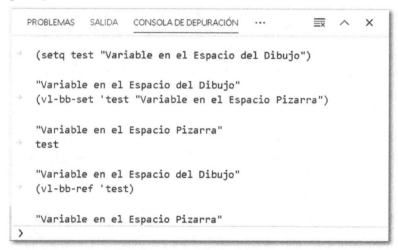

Figura 4.10. Prueba de espacio de nombres Pizarra y Dibujo.

Variables con el mismo nombre y valores diferentes pueden coexistir en los espacios de nombres de dibujo y pizarra. Podemos probar esta configuración estableciendo dos variables con el mismo nombre, una en el dibujo:

```
(setq test "Variable en el Espacio del Dibujo")
```
y otra en el espacio pizarra:

```
(vl-bb-set 'test "Variable en el Espacio Pizarra")
```

Esto puede comprobarse utilizando la Consola de Depuración [4] (ver *Figura 4.10*). Para comprobar la variable en *Espacio Pizarra* tecleamos **(vl-bb-ref 'test)** y para el *Espacio del Dibujo* simplemente tecleamos el nombre de la variable.

Control de errores.

Las aplicaciones que tienen su propio espacio de nombres pueden definir funciones ***error*** usando **vl-exit-with-error** y **vl-exit-with-value** para transferir el control a la función ***error*** del dibujo. Con **vl-exit-with-error**, una cadena que informa sobre la naturaleza del error se puede pasar a la función ***error*** del documento. Cuando se ejecuta, el control vuelve a la línea de comandos. La función **vl-exit-with-value** se puede usar para devolver un valor numérico al programa que invocó el VLX.

Intentar cargar una aplicación VLX de espacio de nombres separada ya cargada generará un error. Se puede verificar si se carga una aplicación VLX de espacio de nombres separado utilizando el predicado **vl-vlx-loaded-p**. Estas aplicaciones se pueden cargar con la misma función de carga utilizada para archivos LSP y FAS.

La función **vl-list-loaded-vlx** devuelve una lista con los nombres de los archivos VLX de espacio de nombres separados asociados con el documento actual. Esta función solo devuelve el nombre del archivo, sin extensión o ruta.

La función **vl-unload-vlx** descarga una aplicación VLX de espacio de nombres separada. Recibe como argumento el nombre de la aplicación como una cadena, también sin extensión o ruta. Si la aplicación no está cargada, esta función genera un error.

4.4 Resumen.

Una aplicación compilada de AutoLISP cumple con todos los requisitos para compartirla con otros usuarios de AutoCAD. Esto se puede hacer fácilmente usando la *Tienda de Aplicaciones de Autodesk* (*Autodesk App Store - https:// apps.autodesk.com/ACD/es/Home/Index*). Sus aplicaciones se pueden distribuir como versiones gratuitas, de prueba o de pago. Cuando se registre como editor en *Autodesk App Store*, se le presentará una lista detallada de requisitos.

---

4 *Asegúrese de vincularlo a AutoCAD previamente. Puede utilizar la opción de menú Ejecutar sin depurar.*

La mayor parte de la información necesaria se recopila a través del formulario web que completa al enviar su contenido. Esto incluye recopilar información para crear una página HTML visible en línea que permita al usuario comprender rápidamente cómo usar su aplicación.

Su aplicación se debe poder utilizar con AutoCAD 2021 o superior, o cualquiera de estos productos verticales de AutoCAD: AutoCAD Architecture, AutoCAD Electrical, AutoCAD Mechanical, AutoCAD MEP, o AutoCAD Civil 3D y debe ejecutarse en todos los sistemas operativos Windows compatibles con AutoCAD 2021 o superior. También puede indicar la compatibilidad con AutoCAD 2020/2019/2018/2017/2016/2015 (o sus verticales enumerados anteriormente).

Figura 4.11. Formulario de registro para los editores de Aplicaciones.

Se creará un instalador estándar de *Autodesk App Store*. La aplicación debe estar *"lista para funcionar"* tan pronto como se instale. No debe requerir que el usuario copie o registre archivos manualmente, o edite manualmente la configuración de AutoCAD (como las rutas de soporte) y debe incluir un archivo CUIX parcial para agregar elementos de la interfaz de usuario para su producto a la barra de Cinta de Opciones de AutoCAD.

Capítulo 5

Referencia de Comandos VS Code

VS Code incluye herramientas que ayudan a escribir, modificar y depurar el código fuente. Estas herramientas nos ayudan a codificar el programa usando el Editor, verificar su funcionamiento paso a paso, comprobando en todo momento el resultado que devuelve la evaluación de cada una de las expresiones y el valor que asumen las variables sin tener que incluir expresiones adicionales en el programa.

Los comandos para usar todas estas funciones se incluyen en una serie de menús que se muestran en las distintas secciones de la ventana de la aplicación. Por ahora, la información incluida en los archivos de Ayuda de AutoCAD 2021 es escasa, y puesto que la documentación en línea de VS Code no es fácil de seguir, hemos tratado de resumir en este último Capítulo lo que hemos podido conocer sobre las acciones que se pueden ejecutar utilizando los diferentes menús.

5.1 La Paleta de Comandos.

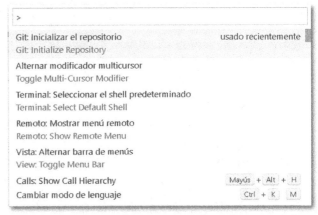

Figura 5.1. Paleta de Comandos.

La aplicación VS Code incluye varios cientos de comandos. Por supuesto, muchos de estos rara vez se usan. Otros no son válidos cuando se utiliza la *AutoCAD AutoLISP Extension*. Todos los comandos existentes están incluidos en la Paleta de Comandos (ver *Figura 5.1*). La Paleta de Comandos se puede mostrar con la correspondiente opción del menú Ver o con el atajo de teclado CTRL+MAYÚS+P. Encontrar un comando en la Paleta puede ser difícil debido a su gran número, por lo que la misma incluye un cuadro de texto de búsqueda en la parte superior en el que podemos escribir parte del nombre del comando reduciendo con ello las opciones que se muestran.

Muchos de estos comandos se agrupan en categorías agregando prefijos como Debug: (Depurar:), Extensions: (Extensiones:), File: (Archivo:), Help: (Ayuda:), Preferences: (Preferencias:), Run: (Ejecutar:), Search: (Buscar:), View: (Vista:), Terminal:, Workspaces: (Áreas de trabajo:) o Git:. Si teclea uno de estos prefijos en el cuadro de búsqueda solo se mostrarán los que pertenezcan a esa categoría.

5.2 La Barra de Estado.

En la Barra de Estado (see *Figura 5.2*) que se muestra en la parte inferior de la ventana de VS Code aparece información sobre el proyecto actual y los archivos que edita, además de iconos para ejecutar acciones y gestionar la configuración del Editor.

Figura 5.2. Opciones de la Barra de Estado.

La Barra de Estado ofrece las siguientes opciones:

- Repositorio activo: Al pasar el cursor sobre este icono, se muestra el nombre del repositorio activo. Al hacer clic en él, se abrirá un cuadro de diálogo con las opciones de crear nuevas ramas o seleccionar una de las disponibles.

- Sincronizar cambios: baja y fusiona (*pull*) los cambios remotos a su repositorio local y luego inserta (*push*) los cambios confirmados locales a la rama remota.

- Problemas y advertencias: abre el panel PROBLEMAS que muestra mensajes de advertencia, si los hubiera.

- Seleccionar / Iniciar la configuración de depuración: al seleccionar este icono, se muestra un cuadro de búsqueda en el que seleccionar la configuración de depuración. De esta manera, podemos cambiar la configuración activa y comenzar a depurar sin necesidad de abrir la vista Ejecutar.

- Cargar el archivo actual: carga el archivo en el editor activo.

- Ir a línea / columna: abre un cuadro de búsqueda donde escribir los números de línea y columna.

- Seleccionar sangría: abre el diálogo donde seleccionar el tipo de sangría entre espacios y tabuladores, y su cantidad. También permite convertir los caracteres de sangría de un archivo existente.

- Seleccionar codificación: permite seleccionar entre las acciones de Volver a abrir con codificación y Guardar con codificación. Una vez seleccionada la acción, se mostrará la lista de codificaciones disponibles.

- Cambiar secuencia de fin de línea: permite seleccionar entre *salto de línea* (LF) y *retorno de carro / salto de línea* (CRLF).

- Seleccionar modo de lenguaje: permite seleccionar entre lenguajes de programación y sus configuraciones.

- Enviar Tweet con comentarios: ofrece una forma de notificar errores e informar problemas a través de Twitter o del sitio web de GitHub.

- Mostrar / Ocultar notificaciones: muestra u oculta la ventana NOTIFICACIÓN.

Menú contextual de la Barra de Estado.

Su visibilidad y los elementos que aparecen en la Barra de Estado se controlan desde su menú contextual. Este menú ofrece las siguientes opciones:

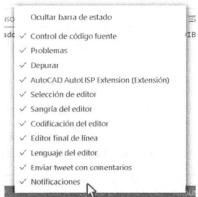

- Ocultar barra de estado: oculta la Barra de Estado.

- Control de código fuente: oculta / muestra el botón Repositorio activo.

- Problemas: oculta / muestra este botón.

- Depurar: oculta / muestra el botón Seleccionar e iniciar la configuración de depuración.

Figura 5.3. Menú contextual de la Barra de Estado.

- AutoCAD AutoLISP Extension (Extensión): oculta / muestra el botón Cargar LISP.

- Sangría del editor: oculta / muestra el botón Seleccione la sangría.

- Codificación del editor: oculta / muestra el botón Seleccionar Encoding.

- Editor final de línea: oculta / muestra el botón Seleccionar secuencia de fin de línea.

- Lenguaje del Editor: oculta / muestra el botón Seleccionar modo de lenguaje.

- Enviar tweet con comentarios: oculta / muestra este botón .

- Notificaciones: oculta / muestra este botón.

5.3 La Barra de Menús.

Archivo   Editar   Selección   Ver   Ir   Ejecutar   Terminal   Ayuda

Se puede acceder a los comandos más utilizados desde los menús desplegables que aparecen en la Barra de Menús. La Barra de Menús no siempre se muestra. Para activar o desactivarla, podemos seleccionar la opción Vista: Alternar barra de menús (View: Toggle Menu Bar) en la Paleta de Comandos. La Barra de Menús incluye los siguientes menús desplegables:

- Archivo: incluye opciones de archivo comunes como Nuevo archivo, Abrir archivo, Guardar y Cerrar.

- Editar: contiene comandos como Deshacer, Copiar, Pegar y Buscar.

- Selección: gestiona los diferentes modos de selección de texto disponibles.

- Ver: comandos para abrir Vistas y controlar la apariencia y el diseño del Editor.

- Ir: incluye acciones de navegación como Atrás / Adelante, Ir a archivo..., Ir a línea/columna o Ir al corchete.

- Ejecutar: comandos para la depuración como Iniciar depuración, Alternar punto de interrupción o Nuevo punto de interrupción.

- Terminal: comandos para la gestión del Panel Terminal.

- Ayuda: incluye enlaces a Documentación, Referencia de métodos abreviados de teclado o Buscar actualizaciones.

Las siguientes secciones dan una descripción detallada de cada uno de estos menús.

Menú Archivo.

El menú Archivo (ver *Figura 5.5*, izquierda) muestra las siguientes opciones:

- Nuevo archivo (CTRL+N): muestra un nuevo archivo sin título en el Editor.
- Nueva ventana (CTRL+MAYÚS+N): abre una nueva ventana vacía de la aplicación VS Code.
- Abrir archivo... (CTRL+O): muestra el cuadro de diálogo de búsqueda de archivos estándar.
- Abrir carpeta... (CTRL+K CTRL+O): muestra el cuadro de diálogo de búsqueda de carpeta estándar.
- Abrir el Espacio de trabajo... : muestra el cuadro de diálogo Abrir área de trabajo.
- Abrir reciente: muestra una lista de archivos abiertos recientemente.
- Agregar carpeta al área de trabajo: muestra el cuadro de diálogo de búsqueda Agregar carpeta.
- Guardar el área de trabajo como... : muestra el cuadro de diálogo Guardar área de trabajo.
- Guardar (CTRL+S): guarda el archivo de la ventana activa del Editor. Si no se ha guardado antes, abre el cuadro de diálogo Guardar como.
- Guardar como... (CTRL+MAYÚS+S): abre el cuadro de diálogo Guardar como.
- Guardar todo (CTRL+K S): guarda todos los archivos no guardados actualmente abiertos en el Editor.
- Autoguardado: al activar esta opción, se guardarán los cambios después de un retraso configurado o cuando el foco salga del Editor.
- Preferencias: muestra el submenú desplegable Preferencias.
- Revertir archivo: descarta todos los cambios y vuelve a la versión en el disco.
- Cerrar editor (CTRL+F4): cierra el editor actual. Si se han realizado cambios, pregunta si deberían guardarse.
- Cerrar carpeta (CTRL+K F): cierra la carpeta seleccionada.
- Cerrar área de trabajo (CTRL+K F): cierra el espacio de trabajo actual.
- Cerrar ventana (CTRL+W): cierra la ventana activa de VS Code.
- Salir: cierra todas las ventanas abiertas de VS Code.

Menú flotante Preferencias.

El menú flotante que se muestra al pasar el cursor sobre el elemento Preferencias del menú Archivo (ver *Figura 5.5*, abajo centro) presenta las siguientes opciones:

- Configuración (CTRL+,): abre el editor de configuración. VS Code proporciona dos ámbitos diferentes para la configuración, la Configuración de Usuario que se aplica a cualquier instancia de VS Code y la Configuración del área de trabajo que solo se aplica cuando se abre ese espacio de trabajo. Las extensiones de VS Code también pueden agregar sus propias configuraciones personalizadas. Las configuraciones de uso común se agrupan dentro de las categorías de Editor de texto, Workbench, Ventana, Características, Aplicación y Extensiones.

- Configuración de servicios en línea: incluye opciones para habilitar la actualización automática de archivos de aplicaciones y otras cuestiones relacionados con la red.

- Extensiones (CTRL+MAYÚS+X): muestra en la Barra Lateral aquellas extensiones instaladas para las que se pueden establecer configuraciones específicas.

- Métodos abreviados de teclado (CTRL+K CTRL+S): muestra un editor con el que se pueden modificar los atajos de teclado existentes.

- Asignaciones de teclado (CTRL+K CTRL+M): presenta una lista de extensiones para mapas de teclas que modifican los accesos directos de VS Code para que coincidan con los de otros editores.

- Fragmentos de código del usuario: abre los archivos autolisp.json o autolispdcl. json donde el usuario puede definir sus propios *fragmentos de código (snippets)* personalizados.

- Tema de color (CTRL+K CTRL+T): permite elegir una combinación de colores diferente para la interfaz de usuario de Visual Studio Code.

- Tema de iconos de archivo: ofrece las opciones para deshabilitar iconos, elegir entre los temas de iconos Minimal o SETI, o instalar temas adicionales desde el *Marketplace*.

- Tema del icono del producto: estos temas cambian todos los iconos de VS Code incluyendo los de las barras de Actividades y Estado. Pueden instalarse desde el *Marketplace*.

- Activar sincronización de configuración... : esta es el anticipo de una nueva función propuesta. Le permite compartir configuraciones de Visual Studio Code, tales como ajustes, métodos abreviados de teclado y extensiones instaladas en sus dispositivos, lo que garantiza que siempre esté trabajando con la misma configuración. Se le pedirá que inicie sesión y las preferencias que le gustaría sincronizar. Al seleccionar el botón Iniciar sesión y activar (ver *Figura 5.4*), se le pedirá que elija entre sus cuentas de Microsoft o GitHub. Esto abrirá un navegador para iniciar sesión. Una vez hecho esto la información aparecerá al seleccionar el icono Cuentas de la Barra de Actividades.

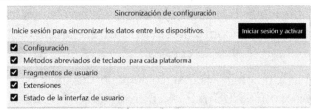

Figura 5.4. Artilugio para Sincronizar las Configuraciones.

Menú Editar.

Este menú desplegable incluye los comandos habituales Deshacer, Rehacer, Cortar, Copiar, Pegar, Buscar y Reemplazar, incluidos los métodos abreviados de teclado habituales que no necesitan explicación (ver *Figura 5.5, centro*).

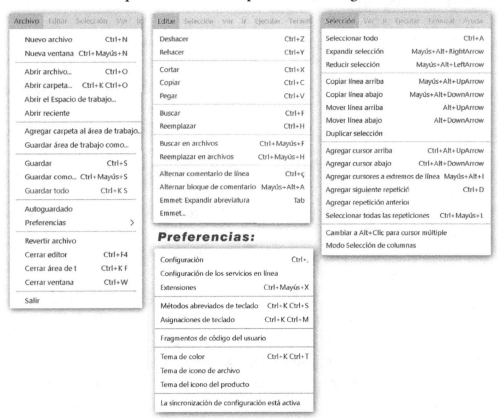

Figura 5.5. Menús desplegables Archivo, Editar, y Selección.

El comando Buscar en archivos (CTRL+MAYÚS+F) abre la Vista Buscar que presenta un cuadro de texto donde se teclea el término de búsqueda. Este término se buscará en todos los archivos de la carpeta actualmente abierta. Los resultados de la búsqueda se agrupan según los archivos donde se encontró el término de búsqueda, indicando el número de resultados en cada uno y su ubicación. La expansión de un archivo muestra una vista previa de todos los términos encontrados dentro de ese archivo. Al hacer clic en uno de ellos, el archivo se abre en el Editor.

Las opciones Alternar comentario de línea (CTRL+Ç) y Alternar comentario de bloque (MAYÚS+ALT+A) introducirán delimitadores de comentarios para una sola línea o para un grupo de líneas.

Las últimas dos entradas se refieren a *Emmet*, un complemento para muchos editores de texto populares que mejora el flujo de trabajo en HTML y CSS, pero que no tiene uso en AutoLISP.

Menú Selección.

El menú Selección (ver *Figura 5.5*, derecha) ofrece comandos para seleccionar y / o modificar texto en nuestros archivos de código fuente. Las opciones son:

- Seleccionar todo (CTRL+A): selecciona todo el texto en una ventana del Editor.
- Expandir selección (MAYÚS+ALT+FLECHADERECHA): expande rápidamente la selección actual.
- Reducir selección (MAYÚS+ALT+FLECHAIZQUIERDA): reduce rápidamente la selección actual.
- Copiar línea arriba (MAYÚS+ALT+FLECHAARRIBA): copia la línea en la que se encuentra el cursor una línea más arriba.
- Copiar línea abajo (MAYÚS+ALT+FLECHAABAJO): copia la línea en la que se encuentra el cursor una línea más abajo.
- Mover línea arriba (ALT+FLECHAARRIBA): mueve la línea en la que se encuentra el cursor una línea hacia arriba.
- Mover línea abajo (ALT+FLECHAABAJO): mueve la línea en la que se encuentra el cursor una línea hacia abajo.
- Duplicar selección: copia el texto actualmente seleccionado hacia la derecha.

- Agregar cursor arriba (CTRL+ALT+FLECHAARRIBA): establece cursores adicionales encima de la posición actual del cursor [1]..

- Agregar cursor abajo (CTRL+ALT+FLECHAABAJO): establece cursores adicionales debajo de la posición actual del cursor.

- Agregar cursores a extremos de línea (MAYÚS+ALT+I): establece cursores al final de todas las líneas seleccionadas.

- Agregar siguiente repetición (CTRL+D): agrega a la selección la siguiente ocurrencia del texto seleccionado.

- Agregar repetición anterior: agrega a la selección la ocurrencia anterior del texto seleccionado.

- Seleccionar todas las repeticiones (CTRL+MAYÚS+L): selecciona todas las ocurrencias del texto seleccionado.

- Cambiar a Alt+Clic para cursor múltiple: establece ALT+CLIC como atajo predeterminado para cursores múltiples en lugar de CTRL+CLIC.

- Modo Selección de columnas: cuando esté en el modo Selección de Columnas, al arrastrar hacia arriba o hacia abajo o al usar MAYÚS+ARRIBA / ABAJO se seleccionarán columnas. Aparecerá un botón Selección de columnas en la Barra de Estado que desactiva este modo.

Menú Ver.

El menú Ver (ver *Figura 5.6*) proporciona enlaces a las diferentes partes de la interfaz de usuario de VS Code. Las opciones incluidas son:

- Paleta de comandos... (CTRL+MAYÚS+P): abre la Paleta de Comandos que se puede usar para buscar cualquiera de los comandos de la aplicación.

- Abrir vista... : muestra un cuadro de búsqueda que incluye accesos a todas los elementos de la Barra Lateral y los Paneles.

- Apariencia >: muestra un menú flotante que permite seleccionar el modo de pantalla (Pantalla completa, Modo Zen y Diseño centrado), habilitar o deshabilitar las diferentes partes de la interfaz, cambiar su posición, Ampliar o Alejar, y Restablecer zoom.

- Diseño del editor >: muestra un menú flotante que incluye comandos para administrar las diferentes opciones de diseño de la ventana del Editor.

---

1 *En el sistema operativo Windows, los atajos de teclado CTRL+ALT+FLECHA rotarán la pantalla. Para utilizar los teclas rápidas CTRL+ALT... de VS Code, se deben deshabilitar las de Windows haciendo clic derecho en el Escritorio y seleccionando Opciones gráficas > Teclas de acceso rápido > Desactivar.*

- Explorador, Buscar, SCM [2] (*Control de código fuente*), Ejecutar, y Extensiones establecen las vistas correspondientes en la **Barra Lateral**.
- Salida (CTRL+MAYÚS+U): establece el foco en el Panel **SALIDA** que muestra las salidas de diversos procesos como *Git, Registros*, etc.
- Consola de depuración (CTRL+MAYÚS+Y): establece el foco en la **Consola de Depuración** donde se muestran mensajes del depurador y en la cual se pueden teclear expresiones que serán evaluadas durante la ejecución.

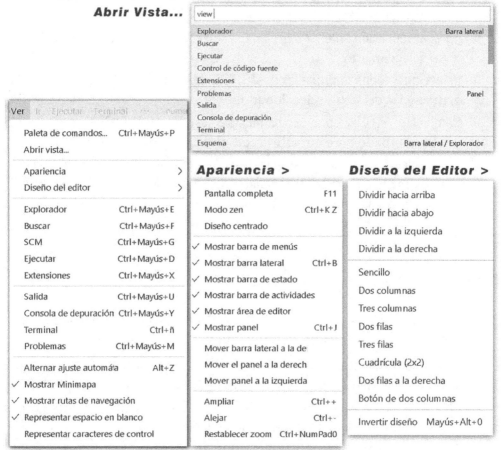

Figura 5.6. Menu Ver con sus menús flotantes.

- Terminal (CTRL+Ñ): establece el foco en el **Panel Terminal**. Este Panel está configurado para operar como *Windows Powershell*, pero se puede configurar para que opere como el antiguo símbolo del sistema.
- Problemas (CTRL+MAYÚS+M): establece el foco en el **Panel Problemas** que muestra mensajes de error.

---

2   SCM muestra la vista Control de código fuente. SCM significa Software Configuration Management, que significa la tarea de rastrear y controlar los cambios en el software. El software SCM no es parte de VS Code.

- Alternar ajuste automático de línea (ALT+Z): cuando hay líneas largas de código en el Editor aparecerá una barra de desplazamiento horizontal. Al seleccionar esta opción, el desplazamiento horizontal se desactiva dividiendo el texto en distintas líneas para que se ajuste al ancho disponible de la ventana.
- Mostrar minimapa: deshabilita / habilita el *minimapa* de la ventana del Editor.
- Mostrar rutas de navegación: habilita / deshabilita la barra de navegación situada sobre el Editor mostrando la ubicación actual y que permite la navegación entre carpetas y archivos.
- Representar espacio en blanco: habilita / deshabilita la representación de los caracteres de espacio en blanco como puntos.
- Representar caracteres de control: representa los caracteres de control con los acrónimos de caracteres de control ASCII estándar como **SOH**, **STX**, **ETX**, **EOT**, **BS**, etc.

Menú Ir.

El menú Ir incluye opciones de navegación dentro de VS Code.

- Atrás (ALT+FLECHAIZQUIERDA): va a la ubicación anterior del cursor, incluso si está en un archivo diferente que se ha cerrado.
- Reenviar (ALT+FLECHADERECHA): invierte el efecto de la opción Atrás.
- Última ubicación de edición (CTR+K CTRL+Q): regresa al último cambio realizado en el Editor.
- Cambiar editor >: muestra un menú flotante que implementa la navegación entre ventanas del Editor.
- Cambiar grupo >: muestra un menú desplegable que implementa la navegación entre Grupos.
- Ir a archivo... (CTRL+P): abre un cuadro de búsqueda de archivos que muestra los archivos abiertos recientemente.
- Ir a definición (F12): Hace que su contexto (es decir, la ventana de código activo, la línea actual y la posición del cursor) cambie a la ventana del código de definición.
- Ir al símbolo en el área de trabajo..., Ir al símbolo en el editor..., Ir a Declaración, Ir a la definición de tipo, Ir a Implementaciones, Ir a Referencias: ninguna de estas opciones está disponible para la *AutoCAD AutoLISP Extension*.

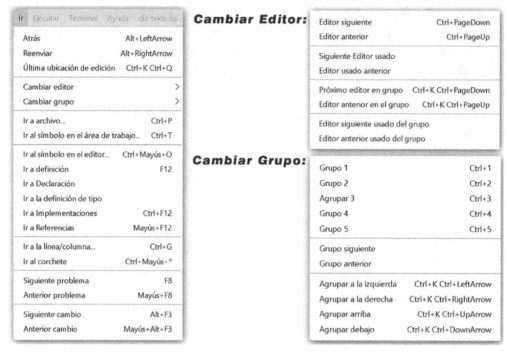

Figura 5.7. *Menú Ir con sus menús flotantes.*

- Ir a línea / columna (CTRL+G): muestra un cuadro de texto donde se pueden escribir los números de línea y columna a localizar, separados por una coma.
- Ir al corchete (CTRL+MAYÚS+°): va al paréntesis de cierre.
- Siguiente problema (F8): va a la ubicación donde se detectó el siguiente problema.
- Anterior problema (MAYÚS+F8): va a la ubicación donde se detectó el problema anterior.
- Siguiente cambio (ALT+F3): en un archivo con cambios guardados en un repositorio, va al siguiente cambio.
- Anterior cambio (MAYÚS+ALT+F3): en un archivo con cambios guardados en un repositorio, va al cambio anterior.

Menú Ejecutar.

El menú Ejecutar (ver *Figura 5.8*, izquierda) muestra todos los comandos utilizados en la depuración. Estos comandos son:

- Iniciar depuración (F5): conecta a AutoCAD y carga el archivo del editor activo para la depuración.

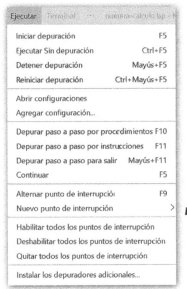

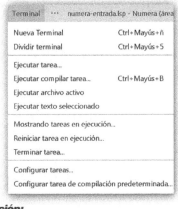

Figura 5.8. Menús Ejecutar y Terminal.

- Ejecutar Sin depuración (CTRL+F5): Esta opción parece ser actualmente idéntica a la anterior.

- Detener depuración (MAYÚS+F5): finaliza el proceso de depuración.

- Reiniciar depuración (CTRL+MAYÚS+F5): vuelve a cargar el código fuente y reinicia el proceso de depuración.

- Abrir configuraciones: abre el archivo .json para la configuración de depuración actual. El botón Agregar configuración muestra una lista de todas las configuraciones disponibles.

- Agregar configuración... : muestra la lista de todas las configuraciones disponibles.

- Depurar paso a paso por procedimientos, Depurar paso a paso por instrucciones, Depurar paso a paso para salir, y Continuar: los mismos comandos que los de la Barra de Herramientas de Depuración, quedan disponibles al iniciar la depuración.

- Alternar punto de interrupción (F9): agrega / elimina punto de interrupción en la línea de código seleccionada.

- Nuevo punto de interrupción >: agrega puntos de interrupción no estándar.

- Habilitar, Deshabilitar y Quitar todos los puntos de interrupción: aplica la acción seleccionada a todos los puntos de interrupción establecidos.

- Instalar los depuradores adicionales... : muestra las extensiones de depurador disponibles en el *Marketplace*.

Menú Terminal.

En VS Code, puede abrir una Terminal integrada, comenzando inicialmente en la raíz de su Espacio de trabajo. Los terminales se utilizan para alojar procedimientos de *PowerShell*. *PowerShell* es un lenguaje de procesamiento por lotes orientado a objetos que tiene una amplia variedad de usos para los gestores de sistemas CAD y BIM. El menú Terminal (ver *Figura 5.8*, derecha) muestra los comandos utilizados para administrar los paneles del Terminal de VS Code.

- Nueva Terminal (CTRL+MAYÚS+Ñ): abre un nuevo Panel Terminal en la carpeta seleccionada.
- Dividir terminal (CTRL+MAYÚS+5): divide el Panel Terminal actual.
- Ejecutar tarea... : muestra una lista de tareas previamente configuradas entre las que seleccionar.
- Ejecutar compilar tarea... (CTRL+MAYÚS+B): muestra un cuadro de búsqueda para tareas de compilación a ejecutar. No hay tareas de compilación configuradas para la extensión Autolisp.
- Ejecutar archivo activo: ejecuta el archivo activo en la instancia activa del Terminal. Su efecto para un archivo LSP es abrirlo en el *Bloc de notas*.
- Ejecutar texto seleccionado: envía el texto seleccionado a una tarea de compilación configurada, si corresponde.
- Mostrando tareas en ejecución, Reiniciar tarea en ejecución, Terminar tarea: solo están disponibles si se está ejecutando alguna tarea.
- Configurar tareas... : muestra plantillas para crear tareas.
- Configurar tarea de compilación predeterminada... : igual que el comando anterior, para la tarea predeterminada.

Menú Ayuda.

Muestra enlaces a Documentación y otros elementos de ayuda.

- Bienvenido: muestra enlaces a ayuda, personalización y otros elementos para comenzar rápidamente con la aplicación.
- Área de juegos interactiva: ofrece una manera de probar las funciones de edición de VS Code sin crear archivos.
- Introducción / Documentación: abre tutoriales y el sitio de documentación VS Code en línea.
- Notas de la versión: muestra la fecha de lanzamiento actual, el número y las actualizaciones.

- Referencia de métodos abreviados de teclado (CTRL+K CTRL+R): abre una página del sitio web de VS Code. Algunos métodos abreviados varían con la distribución del teclado según el idioma.
- Videos de introducción, Consejos y trucos: enlaces a la documentación en línea.
- Únete a nosotros en Twitter: abre la página de VS Code en Twitter.
- Buscar solicitudes de características: abre la página de VS Code en GitHub.
- Reportar problema en inglés: permite informar problemas o solicitar nuevas funciones.
- Ver licencia, Declaración de privacidad: muestra la licencia del software VS Code y los términos de privacidad.
- Alternar herramientas de desarrollo (CTRL+MAYÚS+I): abre la ventana de *Chrome DevTools* para el desarrollo de complementos en VS Code.
- Abrir explorador de procesos: abre una ventana con información sobre la ejecución de procesos en VS Code.
- Buscar actualizaciones... : comprueba si hay alguna actualización disponible.
- Acerca de: muestra información sobre la aplicación.

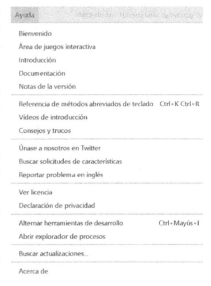

Figura 5.9. Menú Ayuda.

Menú del icono de engranaje en la Barra de Actividades.

Agrupa comandos relacionados con la configuración de la aplicación: Configuración, Configuración de servicios en línea, Extensiones, Métodos abreviados de teclado, Asignaciones de teclado, Fragmentos de código de usuario, Tema de color, Tema de icono de archivo y Tema de icono del producto, similar al menú flotante Archivo > Preferencias. Incluye la Paleta de Comandos del menú Ver y el enlace Buscar actualizaciones... del menú Ayuda.

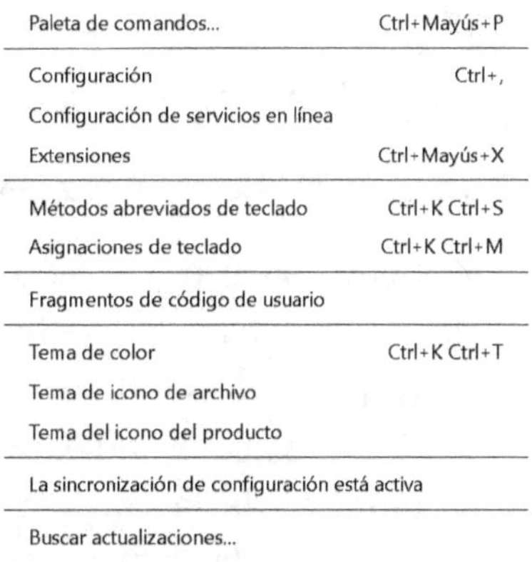

Figura 5.10. Menú del icono de engranaje.

5.4 Los Menús Contextuales.

Se puede acceder fácilmente a muchos de los comandos de VS Code desde el *menú contextual del botón derecho*. El contenido de este menú varía según el estado actual o el contexto de la aplicación.

Menús contextuales del Explorador.

La Vista Explorador muestra diferentes menús contextuales según el elemento sobre el que se mueve el cursor. Los principales son el menú contextual Carpeta y el menú contextual Archivo (ver *Figura 5.11*, izquierda).

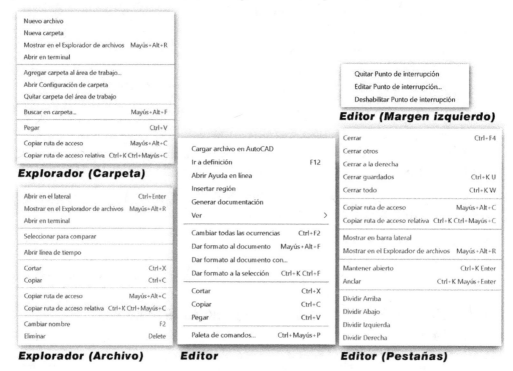

Figura 5.11. Menús contextuales del Explorador, Editor, y Pestañas del Editor.

Menú contextual de la Carpeta.

- Nuevo archivo: muestra un cuadro de texto donde se puede escribir el nombre del archivo. Se creará un nuevo archivo con este nombre en la carpeta seleccionada.

- Nueva carpeta: muestra un cuadro de texto donde se puede escribir el nombre de la carpeta. Se creará una nueva carpeta con ese nombre dentro de la carpeta seleccionada.

- Mostrar en el Explorador de archivos (MAYÚS+ALT+R): navega a la ubicación de la carpeta en el Explorador de archivos del sistema.
- Abrir en Terminal: abre un Panel Terminal con su origen en esta carpeta.
- Agregar carpeta al área de trabajo: muestra el cuadro de diálogo de búsqueda Agregar carpeta.
- Abrir Configuración de carpeta: abre la página Configuración en el Editor.
- Quitar carpeta del espacio de trabajo: elimina la ruta de la carpeta del archivo .code-workspace. Esta operación no se puede deshacer.
- Buscar en carpeta: abre la Vista Buscar donde se puede escribir el texto que se desea encontrar.
- Pegar (CTRL+V): pega en la carpeta un archivo copiado previamente.
- Copiar ruta de acceso (MAYÚS+ALT+C): copia la ruta absoluta de la carpeta.
- Copiar ruta de acceso relativa (CTRL+K CTRL+MAYÚS+C): copia la ruta relativa de la carpeta.

Menú contextual del Archivo.

- Abrir en el lateral (CTRL+ENTRAR): abre el archivo en una nueva ventana del editor a la derecha del archivo actual.
- Mostrar en el Explorador de archivos (MAYÚS+ALT+R): navega a la ubicación del archivo en el Explorador de archivos del sistema.
- Abrir en Terminal: abre un Panel Terminal en la carpeta del archivo seleccionado.
- Seleccionar para comparar: una excelente característica de VS Code. Haciendo clic-derecho en un segundo archivo en el Explorador el menú contextual cambiará a Comparar con Seleccionado para comparar este con el anterior. Si hay dos archivos seleccionados, la opción del menú contextual será Comparar seleccionados. Los dos archivos se abrirán uno al lado del otro en una ventana del Editor, con las diferencias resaltadas en rojo.
- Abrir línea de tiempo: opción disponible cuando hay versiones del archivo guardadas en repositorios. Sitúa el foco en el sector LÍNEA DE TIEMPO de la Vista Explorador.
- Cortar (CTRL+X): copia el archivo seleccionado para moverlo a una nueva ubicación.
- Copiar (CTRL+C): copia el archivo seleccionado para duplicarlo.
- Copiar ruta de acceso (MAYÚS+ALT+C): copia la ruta absoluta del archivo.
- Copiar ruta de acceso relativa (CTRL+K CTRL+MAYÚS+C): copia la ruta relativa del archivo.

- Cambiar nombre (F2): selecciona el nombre del archivo actual para sobrescribirlo.
- Eliminar (SUPR): mueve el archivo seleccionado a la Papelera de reciclaje.

Menús contextuales del Editor.

El Editor muestra diferentes menús contextuales según la posición del cursor, ya sea sobre la ventana del Editor, sobre las Pestañas o sobre el margen izquierdo de la ventana (ver *Figura 5.11*, centro y derecha).

Menú contextual principal del Editor.

- Cargar archivo en AutoCAD: Carga el archivo actual en la sesión vinculada de AutoCAD. Similar a la opción Cargar LISP de la Barra de Estado.
- Ir a definición (F12): Hace que el contexto actual (es decir, la ventana de código activo, la línea actual y la posición del cursor) cambie al de la definición.
- Abrir Ayuda en línea: Abre la documentación en linea para una función nativa AutoLISP o un componente/atributo DCL.
- Insertar región: Incluye el código fuente seleccionado en una región.
- Generar Documentación: inserta un bloque de comentario antes de una función definida por el usuario para que la complete el programador.
- Ver > Ver la definición sin salir (ALT+F12): Muestra el código de la definición en una ventana emergente donde puede editarse sin abandonar el contexto actual.
- Cambiar todas las ocurrencias (CTRL+F2): reemplazará todas las ocurrencias del texto seleccionado con el nuevo texto escrito.
- Dar formato al documento (MAYÚS+ALT+F): Formatea todo el documento en el Editor actual.
- Dar formato de documento con... : muestra un cuadro de búsqueda que permite seleccionar un formateador diferente del predeterminado.
- Dar formato a la selección (CTRL+K CTRL+F): Formatea el texto seleccionado.
- Cortar, Copiar y Pegar: los comandos habituales de edición de texto con sus accesos directos.
- Paleta de comandos... (CTRL+MAYÚS+P): muestra la Paleta de Comandos.

Menú contextual de las pestañas del Editor.

- Cerrar (CTRL+F4): cierra la ventana seleccionada del Editor.
- Cerrar otros: cierra los otros archivos en la ventana del editor actual, no el de la pestaña seleccionada.
- Cerrar a la derecha: cierra los archivos a la derecha de la pestaña seleccionada.
- Cerrar guardados (CTRL+K U): cierra todos los archivos excepto los no guardados.
- Cerrar todo (CTRL+K W): cierra todos los archivos.
- Copiar ruta de acceso (MAYÚS+ALT+C): copia la ruta absoluta del archivo.
- Copiar ruta de acceso relativa (CTRL+K CTRL+MAYÚS+C): copia la ruta relativa del archivo.
- Mostrar en barra lateral: resalta el archivo en la Vista Explorador de la Barra Lateral.
- Mostrar en Explorador de archivos (MAYÚS+ALT+R): navega a la ubicación del archivo de la pestaña seleccionada en el Explorador de archivos del sistema.
- Mantener abierto (CTRL+K INTRO): el archivo en la pestaña seleccionada del Editor no se reemplazará al abrir uno nuevo. Las pestañas que no se mantendrán abiertas son aquellas en las que el nombre del archivo está en cursiva.
- Anclar (CTRL+K MAYÚS+INTRO): La pestaña seleccionada aparecerá antes de las pestañas no ancladas, no se cerrará al usar comandos como Cerrar otros y no se desplazará fuera de la vista si abre muchas pestañas.
- Dividir arriba, Dividir abajo, Dividir izquierda y Dividir derecha: divide la ventana del Editor en la dirección elegida.

Menú contextual del Margen Izquierdo.

- Agregar punto de interrupción: agrega un nuevo punto de interrupción en la posición seleccionada.
- Agregar punto de interrupción condicional / punto de registro: los puntos de interrupción condicionales y los de registro no funcionan con el depurador AutoLISP.

Al situar el cursor sobre un punto de interrupción las opciones ofrecidas serán:

- Quitar Punto de interrupción: elimina el punto de interrupción bajo el cursor.

- Editar Punto de interrupción... : permite cambiar el punto de interrupción normal por puntos de interrupción condicionales que no funcionan con el depurador AutoLISP.
- Deshabilitar Punto de interrupción: desactiva el Punto de interrupción sin eliminarlo.

5.5 Menú Más Acciones... de la vista Control de Código Fuente.

Al hacer clic en el icono de puntos suspensivos de la vista CONTROL DE CÓDIGO FUENTE, se mostrará el menú desplegable Más Acciones... (ver *Figura 5.12*). Este menú, con sus submenús, incluye la mayoría de los comandos que usaremos al trabajar con repositorios remotos. Estas opciones son las mismas que se pueden encontrar en la Paleta de Comandos. Las traducciones al español a veces resultan confusas, por lo que incluimos, entre corchetes, los nombres originales en inglés.

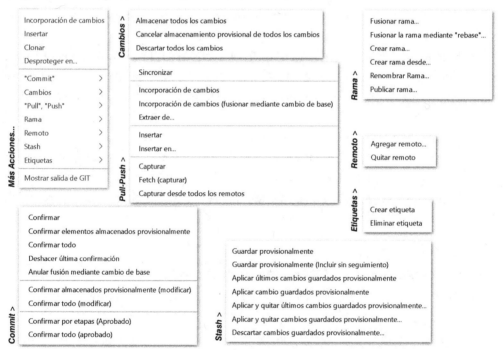

Figura 5.12. Menú Más Acciones... de la vista CONTROL DE CÓDIGO FUENTE.

La sección superior de este menú incluye las acciones que se utilizan para transferir cambios confirmados entre ramas locales y remotas. Esas acciones son:

- Incorporación de Cambios [Pull]: Actualiza su repositorio local con los cambios del repositorio remoto.

- Insertar [Push]: Carga todas las confirmaciones de la rama local a la remota.

- Clonar [Clone]: Descarga un repositorio remoto que existe en GitHub en una carpeta local.

- Desproteger en... [Checkout to...]: Permite conmutar entre ramas. Al ejecutar la operación de cambio de rama [Checkout], se actualizan los archivos en el directorio de trabajo para reflejar la versión almacenada en esa rama y se indica a Git que registre todas las confirmaciones nuevas en esa rama.

Las siguientes secciones mostrarán los submenús desplegables para las opciones "Commit", Cambios, "Pull" "Push", Rama, Remoto, Stash y Etiquetas. La última opción de menú -Mostrar salida de Git- abre el panel SALIDA donde podemos ver todos los comandos ejecutados en nuestra sesión de trabajo y sus salidas.

Sub-menú "Commit".

El submenú desplegable de la opción "Commit" incluye:

- Confirmar [Commit]: Crea una nueva confirmación que incluye el contenido actual del índice y un mensaje que describe los cambios.

- Confirmar elementos almacenados provisionalmente [Commit Staged]: confirma los cambios almacenados.

- Confirmar todo [Commit All]: Almacena provisionalmente de manera automática los archivos modificados y eliminados y a continuación los confirma.

- Deshacer última confirmación [Undo Last Commit]: Deshace los cambios confirmados anteriormente.

- Anular fusión mediante cambio de base [Abort Rebase]: Regresa al estado de la rama anterior a que se invocara `git rebase`.

Estas son seguidas por las acciones Confirmar almacenados provisionalmente [Commit Staged] y Confirmar todo [Commit All] con las opciones Modificar [Amend] o Aprobado [Signed Off]. La opción Modificar se utiliza para rehacer una confirmación, realizando cambios adicionales y almacenarlos. Aprobado agrega información sobre el autor al mensaje de confirmación.

Sub-menú Cambios [Changes].

▨ Almacenar todos los cambios [Stage All Changes]: Almacena provisionalmente todos los archivos modificados.

▨ Cancelar almacenamiento provisional de todos los cambios [Unstage All Changes]: Anula el almacenamiento provisional de los archivos.

▨ Descartar todos los cambios [Discard All Changes]: descarta los cambios en los archivos no almacenados.

Sub-menú "Pull", "Push":

▨ Sincronizar [Sync]: Sincroniza con el repositorio remoto.

▨ Incorporación de cambios [Pull]: Obtiene y descarga contenido de un repositorio remoto y actualiza el repositorio local para que coincida con ese contenido.

▨ Incorporación de cambios (fusionar mediante cambio de base) [Pull (Rebase)]: descarga contenido de un repositorio remoto y reescribe el historial del proyecto creando nuevas confirmaciones para cada una en la rama original.

▨ Etraer de... [Pull from...]: Se puede especificar la rama desde la que extraer.

▨ Insertar [Push]: Carga el contenido de la rama actual en un repositorio remoto.

▨ Insertar en... [Push to...]: Se puede especificar la rama a la que cargar el contenido.

▨ Capturar [Fetch]: Descarga confirmaciones, archivos y referencias desde un repositorio remoto a su repositorio local. Nota: git fetch no fusiona el contenido de los repositorios remotos en sus ramas locales, como lo hace git pull.

▨ Fetch (capturar) [Fetch (Prune)]: Obtiene el último estado remoto y luego elimina las referencias a las ramas que no existen en el remoto.

▨ Capturar desde todos los remotos [Fetch From All Remotes]: Obtiene todos los repositorios remotos.

Sub-menú Rama [Branch].

▨ Fusionar rama [Merge Branch]: Muestra una lista de referencias disponibles para fusionar entre las que debe seleccionar una.

▨ Fusionar la rama mediante "rebase"... [Rebase Branch]: Igual que Fusionar rama pero usando el procedimiento Rebase.

- Crear rama [Create Branch]: Solicita el nombre de la nueva rama. Esta rama se basará en su rama actual.
- Crear rama desde... [Create Branch From...]: Solicita el nombre de la nueva rama y luego muestra las referencias a partir de las cuales se puede crear esta nueva rama.
- Renombrar rama [Rename Branch]: Cambia el nombre de la rama actual.
- Publicar rama [Publish Branch]: Muestra una lista de remotos disponibles así como la opción de crear uno nuevo en el que publicar la rama.

Sub-menú Remoto [Remote].

- Agregar remoto [Add Remote]: Solicita la URL del repositorio remoto y un nombre para identificarlo.
- Quitar remoto [Remove Remote]: Muestra una lista de los remotos actuales de los que puede seleccionar el que desea eliminar.

Sub-menú Stash.

Con `git stash` se puede registrar el estado actual del directorio de trabajo y su índice, regresando a un directorio de trabajo limpio. El comando guarda sus modificaciones locales y revierte el directorio de trabajo para que coincida con la última confirmación (**HEAD**) de la rama.

- Guardar provisionalmente [Stash]: Guarda sus modificaciones locales y vuelve a un directorio de trabajo limpio.
- Guardar provisionalmente (Incluir sin seguimiento) [Stash (Include Untracked)]: Todos los archivos sin seguimiento también se guardan y luego se eliminan.
- Aplicar últimos cambios guardados provisionalmente [Apply Latest Stash]: Se restauran las modificaciones en el stash más reciente.
- Aplicar cambios guardados provisionalmente [Apply Stash...]: Se restauran las modificaciones en el stash que seleccionemos.
- Aplicar y quitar últimos cambios guardados provisionalmente [Pop Latest Stash]: Restaura las modificaciones en el último stash.
- Aplicar y quitar cambios guardados provisionalmente [Pop Stash...]: Elimina una entrada de la lista de elementos guardados provisionalmente aplicándolo en la parte superior del del árbol de trabajo actual, es decir, la operación inversa de `git stash`.
- Descartar cambios guardados provisionalmente [Drop Stash...]: Elimina un stash de la lista de elementos guardados provisionalmente.

Sub-menú Etiquetas [Tags].

Git tiene la capacidad de *etiquetar* puntos específicos en el historial de un repositorio como importantes. Normalmente, la gente usa esta funcionalidad para marcar el inicio de versiones (*v1.0, v2.0, etc.*). Los datos de la etiqueta junto con la confirmación que se etiquetó se muestran mediante el comando `git show <nombre-etiqueta>`.

- Crear etiqueta [Create Tag]: crea una nueva etiqueta.
- Eliminar etiqueta [Delete Tag]: muestra las etiquetas existentes para que pueda seleccionar la que desea eliminar.

5.6 Personalizar Métodos Abreviados de Teclado.

Se puede acceder fácilmente a la mayoría de los comandos desde los *Métodos Abreviados de Teclado* (o *atajos de teclado*) predeterminados. Pero hay casos en los que un determinado comando puede no tener una combinación de teclas predeterminada o podemos encontrar más fácil usar una que sea diferente de la predeterminada.

Modificación de Métodos Abreviados predeterminados.

Para modificar los métodos abreviados predeterminados, podemos usar la opción Métodos abreviados de teclado (CTRL+K CTRL+S) en el menú del icono de engranaje de la Barra de Actividades. Al seleccionar esta opción, se abrirá el editor de Métodos abreviados de teclado. Este editor mostrará todos los comandos disponibles con y sin combinaciones de teclas. Estas combinaciones de teclas se pueden cambiar, eliminar o restablecer mediante las opciones que se muestran en su menú contextual. También tiene un cuadro de búsqueda en la parte superior que se puede usar para buscar comandos o combinaciones de teclas.

La información para cada acceso directo se muestra en cuatro columnas. Estas columnas son:

- Comando: El nombre del comando.
- Enlace de teclado: La combinación de teclas asignada.
- Cuando: Define el contexto en que estará activo el comando.

- ORIGEN: Indica dónde se definió la combinación de teclas, Predeterminado o Usuario.

Para modificar cualquiera de estos métodos abreviados, podemos seleccionar Cambiar enlace de teclado en el menú contextual (o hacer doble-clic en la fila del comando) para abrir un cuadro de diálogo que solicita Presione la combinación de teclas deseada y ENTRAR (ver *Figura 5.13*).

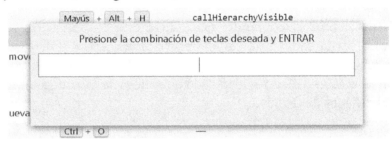

Figura 5.13. Editor de métodos abreviados.

Definir nuestros Métodos Abreviados personalizados.

Puede haber comandos que no figuran en el editor de Métodos abreviados de teclado. Para asignarles combinaciones de teclas, debemos editar el archivo keybindings.json. Para configurar los atajos de teclado a través del archivo JSON, abra el editor de Métodos abreviados de teclado y seleccione el botón Abrir Métodos abreviados de teclado (JSON) que aparece a la derecha de la barra de título del editor.

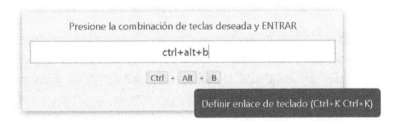

Figura 5.14. Definición de un Método abreviado de teclado personalizado.

El editor JSON mostrará un botón Definir enlace de teclado que nos llevará al cuadro de diálogo descrito en la sección anterior donde definiremos la combinación de teclas deseada. Para probar esto, crearemos un acceso directo para el comando Seleccionar para corchete (Select to bracket) que carece de una combinación de teclas predeterminada.

Deberíamos usar una combinación de teclas que no se haya asignado previamente para evitar conflictos. En este caso, presionaremos las teclas

CTRL+ALT+B y lo aceptaremos presionando INTRO. Esto incluirá en el archivo JSON el siguiente código:

```
[{
    "key": "ctrl+alt+b",
    "command": "commandId",
    "when": "editorTextFocus"
}]
```

Para definir el comando asociado a esta combinación de teclas, debemos cambiar la cadena de caracteres **"commandId"** por **"editor.action. selectToBracket"**. Guardar el archivo keybindigs.json agregará nuestro nuevo acceso directo de Usuario que ahora se mostrará en el editor de Métodos abreviados de teclado.

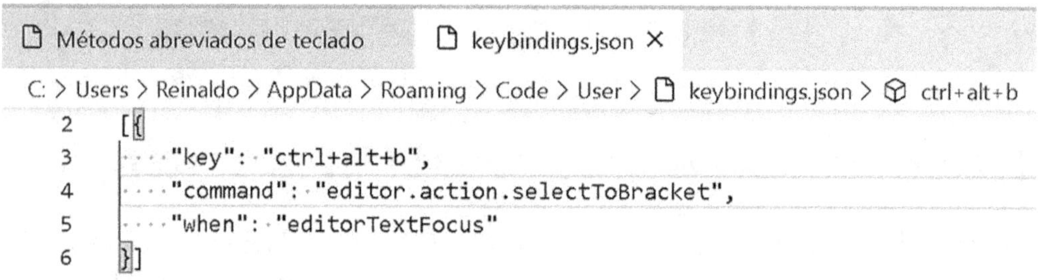

Figura 5.15. Código que define el Método abreviado.

5.7 Crear nuestros propios fragmentos de código (snippets).

La *AutoLISP Extension* incluye muchos fragmentos de código (*snippets*) de suma utilidad. Para comprobar los que están ya disponibles podemos recurrir a la Paleta de Comandos escribiendo **insertar fragmento** en la casilla de búsqueda. Son muchos, pero puede resultar conveniente agregar otros que usemos con frecuencia.

Para crear o editar nuestros propios fragmentos, seleccionamos la opción Fragmentos de código del usuario en el menú Archivo > Preferencias (o Código > Preferencias en macOS), y elegimos el archivo autolisp.json o autolispdcl.json según el lenguaje de programación, AutoLISP o Diálog Control Language (DCL), para el que está destinado el fragmento. Es en estos archivos que se guardarán los fragmentos de código definidos por el usuario[3].

---

3   *Los fragmentos propios de la Extensión se guardan el el archivo snippets.json que se encuentra en la carpeta C:\Users\Nombre-usuario\.vscode\extensions\autodesk.autolispext-1.4.0\snippets. ESte archivo en ningún caso debe modificarse.*

Cada fragmento se define bajo un *nombre* y posee como propiedades un *prefijo*, un *cuerpo* y una *descripción*.

■ El *nombre* (*name*) es el valor que se muestra en la lista de sugerencias de IntelliSense en caso de no proporcionarse una *descripción*. Este nombre debe ser único.

■ La propiedad *prefijo* (*prefix*) define la *frase que activa el fragmento*. Spbre ese texto se buscará la coincidencia de subcadenas

■ La propiedad *cuerpo* (*body*) es el contenido que se insertará en el editor. Puede incluir una o más cadenas de caracteres delimitadas por comas.

■ La propiedad opcional *descripción* (*description*) puede proporcionar más información que se mostrará por IntelliSense.

El *prefijo*, el *cuerpo* y la *descripción* se delimitan mediante llaves (**{ }**)y las cadenas que conforman el cuerpo entre corchetes (**[ ]**). El fragmento puede incluir *marcadores de posición* para los nombres que el usuario debe completar al insertar el fragmento. El formato de estos marcadores de posición es **${1: etiqueta}**, **${2: otraetiqueta}**, etc. Los marcadores de posición con los mismos ID estarán conectados entre ellos.

Para mostrar cómo hacerlo utilizaremos una función de nuestro libro *Experto AutoCAD con Visual LISP*. La función ax-list-> array recibe una lista como argumento y devuelve el safearray equivalente. Su código se muestra en el *Listado 5.1*.

```
(defun ax-lista->matriz (lista)
  (vlax-safearray-fill
    (vlax-make-safearray
      (ax-tipo-dato lista)
      (cons 0 (1- (length lista))))
    lista))
```

Listado 5.1. Función AX-LISTA->MATRIZ.

Para *nombre* del fragmento, utilizaremos la cadena **"Lista a Matriz"**, el *prefijo* será **"lst->mat"** y para la descripción usamos la cadena **"Crea matriz del contenido de lista"**. Solo tenemos un nombre de variable (**lista**) que requerirá un marcador de posición: **$ {1:list-orig}**, pero que se repite tres veces. Tener la misma ID asegurará que cuando se inserte, los tres marcadores de posición se seleccionarán simultáneamente. El código de este fragmento se muestra en el *Listado 5.2*.

```
"Lista a Matriz": {
  "prefix": "lst->mat",
  "body": [
```

```
    "(vlax-safearray-fill",
    "(vlax-make-safearray (ax-data-type ${1:list-orig})",
    "(cons 0 (1- (length ${1:list-orig})))",
    "${1:list-orig})"
  ],
  "description": "Crea matriz del contenido de lista"
}
```

Listado 5.2. Código del fragmento en autolisp.json.

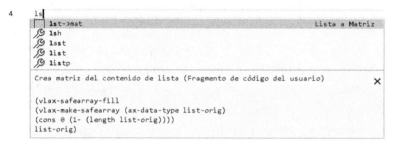

Figura 5.16. Insertando nuestro fragmento.

Este es un recurso muy útil para aumentar nuestra productividad, ahorrando pulsaciones de teclas y reduciendo posibles errores de entrada.

5.8 Resumen.

Este último capítulo examina los comandos de VS Code según se agrupan en los menús desplegables de la Barra de Menús y en los múltiples menús contextuales asociados a las diferentes partes y situaciones de la interfaz de usuario. Como hemos visto, muchas de estas acciones pueden ser inducidas de diferentes maneras, seleccionándolas de diferentes menús y también mediante los atajos de teclado asociados. Esta referencia puede ser de ayuda para acostumbrarse a estos comandos al desarrollar nuestra propia forma de operar.

Continuaremos observando cómo resulta este nuevo enfoque de nuestro trabajo con AutoLISP / Visual Lisp. Espero que la información recopilada en esta publicación pueda ser útil.

www.ingramcontent.com/pod-product-compliance
Lightning Source LLC
LaVergne TN
LVHW081530050326
832903LV00025B/1710